无远弗届

季芳芳 著

国际传播的渠道变迁与传播变革

四川人民出版社

图书在版编目（CIP）数据

无远弗届：国际传播的渠道变迁与传播变革 / 季芳
芳著 . -- 成都：四川人民出版社，2025.6. -- ISBN
978-7-220-14223-9

Ⅰ . G206

中国国家版本馆 CIP 数据核字第 2025CQ4704 号

WUYUANFUJIE: GUOJI CHUANBO DE QUDAO BIANQIAN YU CHUANBO BIANGE

无远弗届：国际传播的渠道变迁与传播变革

季芳芳　著

出 版 人	黄立新
责任编辑	王定宇
装帧设计	李其飞
责任校对	李隽薇
责任印制	周　奇　刘雨飞
出版发行	四川人民出版社（成都三色路238号）
网　　址	http://www.scpph.com
E-mail	scrmcbs@sina.com
新浪微博	@四川人民出版社
微信公众号	四川人民出版社
发行部业务电话	（028）86361653　86361656
防盗版举报电话	（028）86361661
照　　排	成都木之雨文化传播有限公司
印　　刷	四川机投印务有限公司
成品尺寸	148mm×210mm
印　　张	7.25
字　　数	139 千字
版　　次	2025 年 6 月第 1 版
印　　次	2025 年 6 月第 1 次印刷
书　　号	ISBN 978-7-220-14223-9
定　　价	58.00 元

目　　录

第一章　文化、技术与国家形象：技术变革与国际传播 / 001

第一节　"媒介基础设施"的理论发展 / 004

第二节　技术演进中的文化传播 / 007

第三节　传播技术、文化传播与国家形象 / 009

第四节　技术与文化传播的新机遇：虚拟空间的文化
扩散 / 012

第二章　国际传播渠道建设：一个基于整合和协同的研究
方案 / 017

第一节　国际传播渠道建设的总体规划 / 019

第二节　国际传播渠道建设的结构性设计 / 022

第三节　国际传播渠道之协同发展 / 029

第三章　动态的权力关系：海底电缆的全球布局及其变化 / 034

第一节　媒介基础设施：国际传播学研究传统 / 036

第二节　延续、不均与奋起：海底电缆的传播格局与
动态变迁 / 039

第四章　新闻传播的全球化语境：理论框架以及中国实践 / 052

　　第一节　全球化与新闻传播：理论框架 / 053

　　第二节　面向世界的对外传播：概念、实践与
　　　　　　理念 / 069

第五章　如何通过移动互联网提升主流媒体国际影响力
　　　　——一个历史案例的探讨 / 079

　　第一节　海外移动互联网的用户调查：以美国亚裔
　　　　　　为例 / 080

　　第二节　几家电视媒体的移动互联网探索 / 083

　　第三节　中文国际频道：移动互联网机会何在 / 088

　　第四节　布局移动互联网：展望 / 092

第六章　融合媒体背景下的广电媒体国际传播：现状、问题与
　　　　对策 / 094

　　第一节　广电媒体融合发展的现状探索 / 097

　　第二节　融合时代广电国际传播存在的问题 / 109

　　第三节　媒体融合背景下广电提升国际传播能力的
　　　　　　展望 / 112

第七章　社交媒体对外传播新路径：以李子柒走红 YouTube
　　　　为例 / 117

　　第一节　社交媒体的发展为中国文化传播提供新的
　　　　　　契机 / 119

第二节　引人入胜的"中国故事"：李子柒视频特征
　　　　分析 / 124

第三节　进一步提升国际传播效果的相关思考 / 133

第八章　数字平台"出海"与国际传播：研究回顾与路径
　　　　展望 / 137

第一节　平台成为国际传播的新语境 / 138

第二节　国际传播平台化研究：研究回顾 / 140

第三节　"出海"平台与国际传播：一个研究方案的
　　　　探讨 / 145

第九章　"出海"平台的跨国之路：现状、困境以及展望 / 154

第一节　"出海"平台：国际竞争与挑战 / 155

第二节　国际传播平台的协调性建设方案：政策与本
　　　　土社区建设 / 160

第三节　平台国际化的关键：跨境数据治理 / 163

第十章　数字平台助力中外文化交流 / 169

第一节　海外文化"引进来"，吸纳世界优秀文明
　　　　成果 / 170

第二节　数字文化"走出去"，贡献精彩中国数字
　　　　世界 / 174

第十一章 域外经验：新媒体时代的韩国文化外交政策
探析 / 183
第一节 文化外交视野中的"韩流" / 185
第二节 新媒介技术、"韩流"与文化政策的
发展 / 189
第三节 对中国发展文化潮流的启示 / 195

第十二章 新基建与创新对外文化传播：展望新篇章 / 199
第一节 媒介基础设施的理论潜力和实践意义 / 200
第二节 中国新基建和数字丝绸之路 2.0 / 208
第三节 路径选择：创新对外文化传播方式 / 217

后 记 / 223

第一章 文化、技术与国家形象：技术变革与国际传播

章节提要：本章探讨了文化、技术与国家形象之间的关系。文化在传播中延续、创新，影响人们的认识、态度和行为。新媒介技术为对外文化传播开拓了新图景，数字技术正成为文化生活的基础设施，影响全球文化的构建和传播。传播技术不仅丰富了跨文化内容与形式，改善了跨文化传播效果，还影响了国家形象塑造与测量方式。在数字时代，数字基础设施成为形塑国际传播格局的底层力量，而数字平台则赋能主流媒体国际传播。此外，数字技术还转变了传播关系，使得人人都能成为中国故事的传播者。这些新机遇为中国文化走向世界创造了新的可能性。

在跨文化传播研究中，"文化"是多义的。① 2001 年，联合国教科文组织在《世界文化多样性宣言》中强调了一种针对文化的综合定义：应把文化视为某个社会或某个社会群体特有的精神与物质、智力与情感方面的不同特点之总和；除了文学和艺术，文化还包括生活方式、共处的方式、价值观体系、传统和信仰。② 文化在传播中延续、创新，影响人们的认识、态度和行为。对外文化传播，不仅能展现中国形象、提升国家的文化软实力，也能通过交流互鉴、取长补短，促进人类文明的进步。

一直以来，我国以文化交流、文化外交、文化贸易等形式推动文化走出去，在提升国际形象等方面发挥了重要的作用。③ 各类人文交流机制的建立为促进民心相通、交流互鉴起到重要作用，但与此同时也面临西方国家的警惕、新一轮"文明冲突论"、反全球化浪潮以及对象国现实需求不尽相同等诸多挑战。④ 中国加入世界贸易组织后，中国文化贸易也得到了快速发展，但是文化产品贸易集中于低附加值领域，

---

① 季芳芳：《跨文化传播下"文化"的两种概念化路径》，《中国社会科学报》2017 年 09 月 07 日第 3 期。

② 联合国教科文组织（2001）：《世界文化多样性宣言》，http://www.un.org/zh/documents/treaty/UNESCO - 2000. shtml。

③ 高飞、彭昕：《文化外交的学理阐释》，《武汉科技大学学报（社会科学版）》2021 年第 3 期。

④ 邢丽菊：《人文交流与人类命运共同体建设》，《国际问题研究》2019 年第 6 期。

影视媒介、出版物等核心文化产品和服务贸易竞争力水平较低。① 因此，尽管我国在文化外交、人文交流和文化贸易方面做出了许多努力，但是我国对外文化传播不仅面临着西强我弱的外在困境，也面临文化产品输出不足的内在缺陷。

随着短视频、直播、VR、AR、5G 等新媒介形态和技术对电视广播报刊主导的大众传播模式的强力冲击，智能技术重构生产生活，中国在新技术方面举世瞩目的成绩为中国对外文化传播开拓了什么样的新图景？对外文化传播又该如何取径以创新形式？当下，中国乃至世界面临新的传播语境、场景与形式，重新思考新媒体技术影响之下中国对外文化传播的逻辑和路径选择，将有助于世界"触及"中国，进而认识中国、理解中国。

从理论脉络的当下发展来看，仅将数字技术视为传播渠道已然无法描述技术作用于社会和文化的全景。从"媒介基础设施"出发，将各类新兴数字技术视作文化关系、社会生活的基础架构，将为我们理解技术与全球文化传播带来新的理论视角。与此同时，从媒介基础设施视角出发，继而讨论技术、文化以及国际形象之间的互构关系，将为我们讨论数字时代对外文化传播议题勾勒出基本的理论脉络。

---

① 何传添、梁晓君、周燕萍：《中国文化贸易发展现状、问题与对策建议》，《国际贸易》2022 年第 1 期。

第一节 "媒介基础设施"的理论发展

近些年，支撑和维持全球传播网络的基础设施及其社会、物质、文化和政治层面的意涵成为学界关注的重要内容。不同领域对基础设施的概念有不同的理解。在政策文本、发展规划和工程设计中，基础设施是社会生产生活赖以展开的物质工程；在人类学和社会学的研究中，基础设施指的是在社会中形成的公共技术系统，是由一系列中心、节点、线路和终端构成的网络，构成了人类行动的物质条件，形塑了人类生活的基本结构。①

随着媒介的发展，基础设施概念与现代电子媒介、电信以及数字技术紧密关联。将互联网视为基础设施，意味着它已经成为构建与组织社会的物质系统（material systems）。②有关"基础设施化"的观点将媒介、信息技术、互联网平台视为基础设施，认为它嵌入了社会生产生活，构建了新的传播环境。比如该观点认为互联网平台开启了基础设施化（infrastructuralization）的进程，线上虚拟关系联动了线下实

---

① 张磊、贾文斌：《互联网基础设施研究：元概念、路径与理论框架》，《中国社会科学院研究生院学报》2021 年第 5 期。

② 束开荣：《互联网基础设施：技术实践与话语建构的双重向度——以媒介物质性为视角的个案研究》，《新闻记者》2021 年第 2 期。

体关系，并围绕平台运行模式形成了一整套交通、物流、传输、物资、人力相关的基础设施。① 也有学者认为短视频以内容、服务和平台等多边角色异军突起，逐渐转型成为新型数字基础设施的有机组成部分。②

从物质性角度而言，互联网基础设施以社会技术系统的方式嵌入人们的日常生活，是资源，涉及社会权力关系，影响着人们的感知和对生活的感受，是现代性的体现。学者们不仅关注技术本身，更关注这些支撑技术运作的设施如何构建了人们对于全球化的想象、文化生产和文化体验，以及如何改变了社会连接结构和影响全球环境。③

不管是基础设施化还是物质性的观点，技术都正在成为镶嵌到社会中的"后勤型"媒介（logistical media）。④ "后勤型"媒介使得信息在传递中超越时空界限，还以一种全面的、细致的、深入的方式组织我们的生活。一旦如此，数字技术同样成为文化生活的基础设施，它和人类文化共生共存，承载、组织人类文化的生长循环。

洲际电缆和卫星通信构建连接各洲、覆盖全球的网络，

---

① 孙萍、邱林川、于海青：《平台作为方法：劳动、技术与传播》，《新闻与传播研究》2021 年第 S1 期。

② 姬德强、白彦泽：《作为数字平台和基础设施的短视频——一个传播政治经济学的视角》，《广西师范大学学报（哲学社会科学版）》2022 年第 3 期。

③ Richard Maxwell & Toby Miller, *Greening the Media*, Oxford University Press, 2012, pp. 80 – 85.

④ John Durham Peters, *The Marvelous Clouds: Toward a Philosophy of Elemental Media*, University of Chicago Press, 2015, pp. 37 – 38.

形塑了人们对于全球化的想象，改变了文化生产和文化体验。数字基础设施以光速传输信号，并隐藏在地球上高度安全的类似掩体的设施中。数字基础设施的叠加和优化使得文化信息和内容得以跨越长远距离，意味着多元主体更快捷的信息消费体验。它形塑、改变人们对数字文化事件、场馆和文化内容的感受，意味着全新的临场感、沉浸感。例如全球电缆的连接以及边缘计算技术让全球受众可以共同为一场电竞总决赛而欢呼，VR 技术使得线上跨国参观数字博物馆成为可能，流媒体技术为用户观看他国电视剧创造方便舒适的条件。

　　媒介基础设施既是物质形式，也是话语结构。[①] 这意味着研究媒介基础设施，不仅要考察各种技术实体，还要考察围绕互联网基础设施所建构的各种话语。它们不是孑然独立的物质实体，而是由或大或小的跨国科技公司和公共部门所拥有，其中西方科技巨头占据了主导性地位。媒介基础设施的运作和存续同样离不开全球经济市场、劳动力、政治规约和自然资源。数字技术正作为基础设施以隐蔽而深入的方式架构人们的生活生存体系，影响全球文化的构建和传播。新媒介技术带来新的劳动和生产方式，每一种新的生产模式都伴随着——而不是在此之前或之后——社会、经济和组织的

---

　　① L. Parks & N. Starosielski, *Signal Traffic: Critical Studies of Media Infrastructures*, University of Illinois Press, 2015, p. 5.

动荡。① 但是这种动荡往往意味着旧秩序的破坏、权力压制的松动和新机遇的重生。中国文化的生产与对外传播亟须在动荡中捕捉文化扩散的机会。

第二节　技术演进中的文化传播

技术和文化在历史发展中相互促进。技术为文化交流创造可能，文化交流带来知识的融合和创新，又进一步为新技术建构新语境。唐·伊德提到：技术的生活形式是文化的组成部分，就如同人的文化不可避免地蕴涵技术一样。② 从笔墨纸张到瞬时电波，技术在发展，文化交流也以各种形式展开。

东西方文化交流深受技术的影响。中国文化曾以典籍的方式进入西方，在欧洲思想界引起强烈反响。随着西方世界主导电报、电视等传播技术的变革，传播技术组织着全球化的进程，也影响着"全球化想象"的建构和生成。它们在通信技术、广播、电视、互联网等方面的发展都为国际传播提供了更快速、更广泛的渠道。这些传播技术的优势使得西方

① J. Hunsinger, L. Klastrup, & M. Allen eds., *International Handbook of Internet Research*, Springer Science & Business Media, 2010, p. 97.

② 唐·伊德:《技术与生活世界》，韩连庆译，北京大学出版社，2012 年，第 22 页。

国家的观点和信息能够更快速、更广泛地传播到全球范围，从而进一步巩固它们在国际传播中的优势地位。

1858 年 8 月，英国爱尔兰（欧洲）与纽芬兰（北美洲）之间铺设完成了第一条洲际海底通信电缆，这意味着电报得以在洲际之间传送。① 海底电缆拥有比卫星更为稳定的信号传输能力，根据美国科技媒体 The Verge 的报道，目前有 436 条总长度超过 130 万千米的电缆铺设在海底，99% 的国际互联网数据是通过这些海底电缆传输的。② 1962 年 7 月 11 日，人造卫星首次播送全球电视。法国与英国通过通信卫星传送节目，美国人第一次看到从欧洲现场播出的电视节目。这意味着全球广播电视的开启。③ 1973 年，ARPANET 通过卫星通信实现了与夏威夷、英国伦敦大学和挪威皇家雷达机构的联网，形成国际互联网络。从此，信息通过信号和数字在空中、深海和光纤中源源不断地流动。

在历史浪潮中，中国也被技术"卷入"世界。19 世纪 60 年代末，已有西方电报公司（例如丹麦的大北电报公司）在中国成立分公司，将电报引入中国。两次鸦片战争战败，通商口岸开放，传统经济结构在东南沿海地区逐步解体，中国日益成为西方资本主义商品市场和原料供给地，中国通信市

---

① 《科技日历丨第一条跨大西洋电报电缆几经艰难终落成》，https://baijiahao.baidu.com/s?id=1640996736359525588&wfr=spider&for=pc。

② 《憧憬元宇宙的人类或被电缆"卡脖子"：我们都可能成为失联的汤加》，https://3g.163.com/dy/article/GU66VTHM0512DU6N.html。

③ L. Parks, *Cultures in Orbit*, Duke University Press, 2005, p. 22.

场的广阔前景吸引西方电报公司由西向东扩张。① 随着中国在技术上突飞猛进和基础设施工程在全世界拓展，中国日益在全球定位、展现和表达自我。

第三节　传播技术、文化传播与国家形象

传播技术的价值诉求不仅是传播文化，还有塑造国家形象。不同学科对国家形象有不同的定义。政治学视角下，国家形象是指一个国家对自己的认知以及国际体系中其他行为体对其认知的结合；它是一系列信息输入和输出的结果，是一个"结构十分明确的信息资本"。② 营销学则把国家形象看作一个国家的品牌，国家的品牌效应将产生外部的经济价值和政治认同。③ 不论哪种定义，国家形象都包含了本国编码和他国解码的过程。

在这一过程中，生产者基于本国的文化语境将一国的文化二次编码向其他国家传输，而其他国家的民众则基于本国的文化语境解读有关其他国家的任何信息，进而形成对一个

①　李雪：《西方电报公司向清朝扩张初探》，《广西民族大学学报（自然科学版）》2010 年第 3 期。

②　李庆本：《对外文化传播与国家形象建设》，《湖南社会科学》2012 年第 5 期。

③　彭继裕、施惠玲：《主体、机制、绩效：国家形象塑造的治理维度》，《北京交通大学学报（社会科学版）》2021 年第 4 期。

国家的形象认知。因此，如图 1 - 1 所示，国家形象的塑造和认知在不同的文化语境中进行，塑造国家形象的编码内容又从文化中汲取。对外文化传播为国家形象塑造提供路径和资源，其跨文化传播的效果如何又影响他国民众对国家形象的认知。

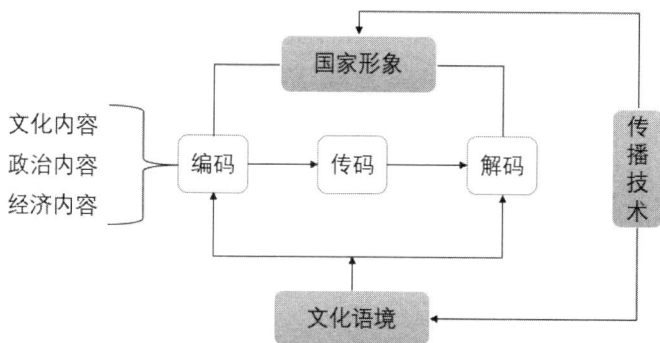

图 1 - 1　传播技术、国家形象、文化传播的关系

　　而传播技术在其中发挥的作用有三个。（1）技术丰富跨文化内容与形式。数字技术释放了一个国家的文化编码能力，大量本土用户生成内容能够促进多国文化的传播与交流，从而促进民心相通的国家形象互构。（2）数字技术改善跨文化效果。短视频、直播、沉浸式技术让文化解码更为容易，使得文化体验和国家形象展示有了更多的可能。（3）技术影响国家形象塑造与测量。大数据、云计算、算法等技术让用户画像更为清晰，使得文化传播和国家形象塑造的效果测量能够数据化。技术创新对外文化传播方式，将有助于打造强大

的国家品牌形象，为国家发展争取更多有利条件。

　　传播促成信息流动，才有可能创建共同的意义空间，而封闭会带来更深的误解。在这个多极的世界，建立全球共识正需要多文明主动发出自己的声音，促进文明之间的相互理解。过去，东方在西方的叙述中是异质的、分裂的"他者"，西方一直对东方带有"傲慢与偏见"。随着中国的崛起，政治上的"中国威胁论"和"中国崩溃论"甚嚣尘上，更加深了西方对中国的误解。

　　西方文化依托全球媒体和跨国公司席卷全球，世界传播格局仍是西强我弱，中国对外文化传播面临巨大阻碍。在新技术时代，尽管美国科技巨头构建了大部分全球数字文化的底层基础设施，以数字帝国主义延续文化帝国主义的全球霸权，但是中国正以自身的经济优势和技术优势开始在数字智能和平台构建层面进行赶超。虚拟空间带来全新的文化语境，同时也为中华文化对外传播创造了新机遇和新可能。

　　基于各类新闻报道、行业报告等公开材料，接下来本书将讨论：在互联网技术重构媒介生态、转变受传者关系以及中国的互联网发展水平走在世界前沿的今天，新技术为中华文化走向世界带来何种新机遇，又该如何取径，以提升文化的国际影响力？

第四节　技术与文化传播的新机遇：
虚拟空间的文化扩散

一、数字基础设施成为形塑国际传播格局的底层力量

在数字时代，数字基础设施（包括 5G 等通信基础设施和数据中心等算力基础设施）已经成为国际传播体系中不可或缺的一部分。海底电缆等数字基础设施成为连接世界的物质资源，使全球范围内的信息交流和社会运行得以实现。因此，海底电缆等媒介基础设施日渐成为国际传播领域的关注重点，涉及全球传播格局、传播秩序等关键议题。

2020 年，国家发展和改革委员会首次明确"新型基础设施"的范围包括信息基础设施、融合基础设施和创新基础设施三方面，主要是以新发展理念为引领，以技术创新为驱动，以信息网络为基础，面向高质量发展需要，提供数字转型、智能升级、融合创新等服务的基础设施体系。这意味着，"新基建"从传统的交通、水利等物理领域延展到了信息领域。以华为为代表的公司借助"一带一路"将中国的通信基础设施嵌入全球的通信系统，以 TikTok、Shein、阿里云为代表的数字平台成为全球居民数字生活的重要组成部分。在新技术条件下，中国在全球基础设施建设中的进展以及对全球

传播秩序的意义值得关注。相应地，本书的第一、二、三章就媒介技术设施理论、国际传播渠道建设以及海底电缆等议题进行专门探讨。

二、数字平台提升主流媒体国际传播能力

随着经济实力和科技实力的增强，中国在世界中占据着重要地位。然而，作为新兴大国，话语权和国力的不对称，使得中国急需提升自身的软实力。学者们围绕传播观念、内容创新、平台建设、媒体布局等多个维度为中国提升国际传播能力建言献策。在过去的 20 年里，数字平台为企业创造了巨大的财富，也为用户带来了方便，因为它们使全球在线连接成为可能。平台不仅作为一种技术和商业整体嵌入社会，更作为一种生态构建了社会本身。从国际传播视角审视，如果国际传播包含地缘政治、文化交流和经济交往的社会性互动的话，平台则提供了完美的传输渠道和载体，也为全球化的信息交往方式、传播秩序建设与文化身份想象设定了全新的语境，"全球数字平台正在全面重构国际传播的信息格局"成为学界共识。

Facebook（脸书）、Twitter（推特）、YouTube（油管）等超级互联网平台正在逐渐主宰全球传播，打破了原先主要由专业新闻机构和影视文化产业所主导的国际传播模式。诸多研究已经从融媒体建设的角度出发，深入探讨主流媒体如何构建自己的对外传播平台。利用平台进行国际传播能力建设

已成为对外传播研究当前关注的重点。通过这一措施，对外媒体可以更好地应对数字时代的挑战，提高自身的影响力和传播效果。相应地，本书第四、五、六章从全球化语境、融媒体时代广电的国际传播能力建设等方面回应了以上问题。

三、数字技术改变传播关系，人人传播中国故事的时代到来

移动互联网的普及使得对外文化传播的主体从传统大众媒体扩散到一般大众。人们的生活塑造着文化，而生活本身就是一个个故事。从李子柒到阿木爷爷、再到滇西小哥，中国人民自己书写的故事走向海外，受到海外用户的欢迎。因此，在新时代，人人都是中国故事的传播者，同 CGTN 官方媒体一道，这些新兴传播主体或展示美食生活，或展示创意巧思，以持续的内容更新能力表现丰富多彩的中国形象，吸引了全球网民的注意力。

世代概念用来区分不同出生年代的人群，隐含的逻辑是同一世代出生的人具有共有的社会特质，而世代之间具有较为明显的文化差异。在富强的中国底色下成长起来的新一代年轻人，拥有打破束缚的生活态度和立足创新的文化自信。他们在传统文化和现代文化中探索，正在创造属于他们也属于世界的中国潮流。在互联网技术的影响下，喜欢汉服、古风歌曲等中国文化的年轻人在社交媒体中相遇凝聚，成为中国文化对外传播的新一代使者。例如，大量年轻人在社交媒

体上分享自己穿着汉服走在国外的体验和感受、在海外街头弹奏中国民族乐器的视频等。在青年的带动下，在与商业品牌、互联网技术的交织中，中国潮流产业在国际上产生影响力，成为中国软实力的一部分。相应地，本书第七章针对这些问题进行了回应与探讨。

四、数字平台兴起为对外传播开拓新路径

平台掌控技术、算法和数据，成为全球信息分配的"新晋权贵"。平台为文化交流建立生态传播空间，但与之相伴的是，平台一定程度上左右数字文化传播的样态，因而也会影响中国文化在海外的内容偏向和流量走向。Instagram、Facebook、Twitter、YouTube 渗透到全球公民的日常生活中，体现西方国家在数字空间的技术话语权。

而中国 TikTok 的兴起打破了美国主导的平台垄断，中国的数字文化产品和互联网平台向发达国家逆向扩散。不同地域文化衍生出不同的用户需求，中国平台正以国内的技术和本土化经验为跳板，向中东、东南亚、非洲等国用户提供差异化的中国服务，例如 LiveMe、BIGO LIVE、Yalla 等在东南亚和中东走红。因而，当下中国平台不仅有区域生命力，也有全球影响力，这也为中国文化的统一化和差异化对外传播提供新可能。相应地，本书第八、九、十章将回应数字平台国际化问题，而第十一章则从域外经验进行观照。

五、新兴媒介创新文化产业形态，为文化走出去带来新变量

VR、AR、5G 等前沿技术迅猛发展，元宇宙成为媒介新构想，也给对外传播的产品形态和全球文化互动带来新的想象空间。

一方面，新技术支持下的中国文化产品能提供立体化沉浸式体验，这将有利于打破文化交流的语言障碍。中华文化博大精深，将其转置于虚拟空间中，以场景代替语言传递文化价值，以文化体验代替言传身教涵养文化认同，有利于进一步增强文化吸引力和感召力。

另一方面，打破物理空间和边界隔阂的元宇宙或成为"命运共同体"的新实践场。支撑建构元宇宙的区块链、人工智能（AI）、交互传感等技术有可能解决长期制约国际传播有效性的三大障碍——体验缺失、身份模糊与语言不通。[①] 元宇宙所预示的"平行空间"将重新构筑一个全新的国际传播环境，用户可以在数字空间中来回穿梭，即时交流。尽管如此，技术演进意味着虚拟空间和社会秩序将面临深刻的变革。本书第十二章对上述议题进行了回应。

[①] 胡正荣、蒋东旭：《元宇宙国际传播：虚实融合空间中的交往行动》，《对外传播》2022 年第 4 期。

第二章　国际传播渠道建设：
一个基于整合和协同的研究方案

章节提要：变动的政治经济格局以及日新月异的技术变迁，为国际传播的平台与渠道建设提供了不同的机遇以及演进路径。目前有关渠道问题的讨论主要针对某一类别或者某个具体渠道展开，并没有将数字平台、主流媒体和人文交流三类渠道视作一个有机整合体进行系统考量，也鲜少有学者论述三条渠道之间的联系与协同路径。然而在国际传播实践中，迫切需要多渠道的资源整合和协同联动，推动传播内容多向输出。基于媒介基础设施的理论视角，本方案将各类国际传播渠道视作"基础设施"，考虑对国际传播的各类基础传播渠道资源进行整合与协同，以破解渠道机制建设存在的关键问题。

　　渠道是信息传递的通道，是连接传者和受者的桥梁，是国际传播能力建设的重要一环。目前国际传播渠道研究集中于三个方面：第一，认为数字平台重构了国际交流交往格局，是拓展国际传播的新渠道，意味着主体、传播形态和话语的变革，要加强对数字平台的建设；第二，从技术、传播形态、人员培养、受众调查以及效果测量等角度，论述全媒体时代媒体融合进程中如何加强主流媒体的国际传播能力建设；第三，基于不同的人文交流渠道（例如孔子学院、电影节、友好城市等），针对性地分析该渠道存在的问题与创新路径。

　　目前有关渠道问题的讨论主要针对某一类别或者某个具体渠道展开，并没有将数字平台、主流媒体、人文交流三类渠道视作一个有机整体进行系统考量，也鲜少有学者论述三条渠道之间的联系与协同路径，然而在国际传播实践中，迫切需要多渠道的资源整合和协同联动，以推动传播内容多向输出。

　　鉴于各类传播渠道与道路、电力以及大坝等其他基础设施一样是从物质基础、社会系统等层面成为组织社会的物质资源，这些物质资源是"货物、人员或思想得以流动的网络"①，"基础设施"的视角能够将研究视野分散的渠道资源整合起来，同时看到这些物质资源如何构建社会系统，成为

---

① Brian Larkin, "The Politics and Poetics of Infrastructure", *Annual Review of Anthropology*, 2013, 42, pp. 327 – 343.

思想、内容和话语得以流动的物质基础。因此，本书认为，应将各类国际传播渠道视作"基础设施"，考虑对国际传播各类基础传播渠道资源进行整合与协同，以破解渠道机制建设存在的关键问题。相应地，在新技术、政治、经济格局下，如何从基础设施的理论视角出发，探讨渠道战略规划、结构设计、整合协同，以加快国际传播能力建设，应成为国际传播渠道建设的主要研究问题。不同类型的渠道功能、价值目标、运作机制不同，从提升国际传播能力角度考量，需要考虑渠道建设的总体规划、结构性设计以及协同整合。

第一节　国际传播渠道建设的总体规划

一、聚焦国际传播渠道建设的战略目标

国际传播渠道建设的主要战略目标，需聚焦以下几个方面：（1）打造整合性的信息传播基础设施，为对外讲好中国故事提供信息交流物质基础。信息社会转型不仅给传媒行业，还给整个人类传播实践带来革命性转变。在媒介技术发展迅猛的当下，须打造并打通媒介渠道，使不同类型的信息能够在国际社会高效流通。（2）为中外各主体提供对话空间，破除文化壁垒。从技术可供性视角来看，媒介不只是传递信息，更为用户创造"生存条件"，即媒介成为一种基础设施、栖

居之地、凭借之物和生命形态，是"自我表达和自我存有"的融合。① 因此，基于"对话"功能，要求基础设施能够为用户互动、组织活动和文化流动提供空间。（3）构建公平的全球信息服务基础设施。一方面，技术带来的算法黑箱、隐私泄露、平台垄断给全球网络治理带来隐忧；另一方面，西方传播渠道的垄断和管理方式给中国国际传播实践带来阻碍。因此，构建公平的全球信息服务基础设施具有战略意义，应强调国际传播的"连接、沟通和建构"等重要维度②，这也是"数字文明造福各国人民"，共建网络空间命运共同体的重要内容。

二、聚焦国际传播渠道建设战略设计

要实现以上战略目标，需要有相应的战略设计：（1）有机适应：我国国际传播基础设施建设要先与全球国际传播基础设施相对接，并从中汲取经验。回顾中国信息基础建设与全球化对接的过程，可窥见一二。20 世纪 90 年代，中国通过金关工程等国际贸易信息化工程，实现对外经济贸易的现代信息化发展。当下，中国国际传播渠道设施在网络平台上高度依赖西方的社交平台（例如 Twitter、Facebook 等），在媒

---

① 郭小平、杨洁茹：《传播在云端：平台媒体化与基础设施化的风险及其治理》，《现代出版》2021 年第 6 期。
② 胡正荣：《智能化背景下国际传播能力提升与人类命运共同体构建》，《国际传播》2019 年第 6 期。

体平台方面话语声量弱于已在全球布局节点的 CNN 和 BBC 等西方媒体。受限于渠道，中国需要利用全球国际传播基础设施，进行传播节点的布局（例如在各大西方社交平台构建外媒账号群），并从中汲取自我构建国际传播基础设施的经验。（2）自我建设：中国已经出现了具有全球影响力的社交媒体平台和以"一带一路"民心相通为代表的各类人文交流平台。为了摆脱对西方传播网络的依赖，需要建设以中国为主导的基础设施。中国出海平台的成功构建，一方面源于政策支持与资本推动，另一方面离不开民间主体（包括个人、组织）的创新协同。因此，在自我建设阶段，应从学术智库到游戏到影视文创等行业，激发各社会主体渠道打造全球化平台的活力。（3）结构优化：要求将与国际传播相关的各个企业、行业、社会的基础设施连接成网络。当基础设施从互不相通的单个社会技术体系到相互连接发展成为网络时，各种设备、社会机构都会作为网关出现。① 因此，在未来，各类社会机构和平台渠道资源嵌套连接，是基础设施结构优化的重要一步。另外，面对结构化过程中商业力量的扩张，如何协调基础设施的公共性和商业性，激发该基建的持续创新能力也是一个重要话题。

---

① 段世昌：《从"寄生"到"共栖"——淘宝平台如何走向基础设施化》，《新闻记者》2021 年第 7 期。

第二节　国际传播渠道建设的结构性设计

一、明确渠道发展现状与问题

首先，要考察数字平台、传统媒体和人文交流三个类别国际传播渠道的现状和存在的不足，以扬长避短，做出合理的结构性设计。

当下，有关网络平台经济的研究逐渐兴起，"平台基础设施化"成为社交媒体批评的重要视角①，这表明对网络平台渠道，应该从社会和传播渠道相互嵌入这个角度进行理解。国际数字平台不仅提供了各种传播方式，也为受众创建了一个新型的交往情境。然而平台利用算法技术决定了国际信息的"可见性"和"不可见性"，算法传播给世界数字鸿沟、国际议程设置和全球秩序稳定等方面带来潜在风险，加剧了冲突性的信息地缘政治，使人类走向一个机遇、变革与挑战共存的不平等世界。② 因此，如何处理全球数字资本垄断，提供具有中国特色、面向世界的国际平台治理方案也成为中国赢得全球声誉的重要机遇。

---

① Jose van Dijck, *The Culture of Connectivity: A Critical History of Social Media*, Oxford University Press, 2013.

② 罗昕、张梦：《算法传播的信息地缘政治与全球风险治理》，《现代传播（中国传媒大学学报）》2020 年第 7 期。

传统媒体是指以中国传统大众媒体为传播主体，以电视、广播、报纸、融媒体矩阵为传播载体的渠道。在政策鼓励下，中央重点媒体加紧海外布局，扩展海外发行渠道，提升落地率，"走出去"步伐明显提速，"走出去"方式和手段更加多元。尽管传统媒体在全球布局和技术提升方面皆取得了不错的成绩，但是在国际话语权方面仍然没有突破性进展。这主要与以下因素有关：全球议题设置的主导权被西方国家掌控，对外传播中的主体意识模糊，无法高效利用短视频、直播、VR 等新传播方式，跨文化叙事能力不强，传媒管理体制和产业组织模式不协同等。[1][2][3]

人文交流渠道是指通过人文交流活动、事件等构建文化交流场景，通过不同形态的文化资源传递中国故事。中国一直致力于通过各种人文交流渠道，比如孔子学院、中国电影节、奥运会、友好城市交流等展示中国形象，传递中国声音。然而，中国人文交流渠道也存在诸多问题，比如孔子学院，存在的问题包括品牌文化活动缺乏、传播方式单一、文化资源挖掘力度不足等。一般意义上的中华文化对外传播面临的问题则包括：西方控制下的社交平台不利于中国文化流动；

---

[1]　程曼丽：《中国对外传播的历史回顾与展望（2009—2017 年）》，《新闻与写作》2017 年第 8 期。

[2]　郑保卫、王青：《当前我国国际传播的现状、问题及对策》，《传媒观察》2021 年第 8 期。

[3]　王虎、陈小萍：《全媒体传播视域下国际一流新型主流媒体建设》，《电视研究》2020 年第 1 期。

聚焦深度传播、具有广泛影响力的爆款文化产品还比较少；在跨文化传播过程中，对于海外受众不同群体的区分和针对性的传播策略还不充分；具备多种素质的复合型数字化国际传播人才较为缺乏。①

二、聚焦传播渠道能力评估以及相应的分类

随着各类渠道国际传播能力建设的推进，每个类别中也有一些渠道崭露头角，在不同区域、不同群体、不同事件类型中发挥着独特的影响力。我们需要从不同维度考察各类渠道并对其进行能力评估。

不同渠道在不同的洲和国家呈现出不同的优势。在非洲、东南亚，中国的科技企业以及传播公司显现传播力。例如在非洲，传音公司生产的智能手机占据将近一半的市场份额②，四达时代成为非洲重要的视频流量拥有者。在东南亚，腾讯视频海外版 WeTV、爱奇艺国际版与 Netflix 等流媒体企业同台竞争，助力影视剧输出，网络小说也成为东南亚群体感知中国文化的重要载体。而中国"游戏出海"在美国、日本、韩国等发达市场取得不菲的成绩。一加、华为、小米在全球吸引了众多的粉丝，Shein、Shopee 等电商也在欧美和东南亚

---

① 翟慧霞：《中华文化数字化国际传播的路径探索与思考》，《传媒》2021年第 19 期。

② 《IDC：今年第三季度传音手机在非洲市场份额达到 76.6%》，http://baijiahao.baidu.com/s?id=1685762805963790211&wfr=spider&for=pc。

市场大展拳脚。

与此同时，国际传播的目标群体不同，传播渠道发挥的作用也不同。从人口统计学角度来说，越来越多的年轻人习惯使用社交媒体来获取信息。并且，高校交流活动（如访学）、旅游也是年轻人了解不同文化的重要渠道。不同地区的受众使用的社交媒体平台也存在差异，例如，在日韩，除了 Facebook 和 Twitter，LINE、KaokaoTalk 也成为人们的信息获取渠道。因此，在进行结构设计时，应该充分考虑目标受众的人口统计信息，针对不同目标受众进行传播渠道布局。

此外，不同议题类型同样存在渠道配置取舍的问题。在政治议题上，传统主流媒体具有权威、官方、快速的特点，但由于东西方的政治误解，主流媒体往往被质疑。通过渠道转换（利用他国媒体发声）和 KOL 联动能避免"自说自话"，提高议题影响力。经济议题涉及多元渠道，应创新利用传统媒体和网络渠道，在话题上占据舆论制高点。文化议题方面，孔子学院、唐人街、友好城市等在文化、体育、教育等各类人文议题上具有广泛的影响力。同时，社交媒体为文化传播提供了有效、亲和的渠道。因此，在进行国际传播渠道结构设计时，应该考虑事件议题的属性，做到多渠道主次有别，协同联动。

三、聚焦渠道布局优化

进行各个渠道的价值与适用性评估之后，需要聚焦整体渠道的布局优化。具体而言，需考察渠道布局、建设和策略机制等问题。

从布局角度而言，当下，以 *China Daily*、CGTN、新华社为代表的主流媒体基本完成了在全球的布局。截至 2020 年，全球有 548 个孔子学院和 1193 个孔子课堂，覆盖亚洲、非洲、美洲和大洋洲，而网络平台则以其自身的通达性触及全球。我国国际传播的平台基本建成，网络覆盖全球，也就对传播能力和传播水平提出了更高要求。[1] 具体而言，就是要针对每个对象国，开展深入的调查研究，实施"一国一策"，制定具有适用性的国际传播方案。[2] 即在进行全球化布局的过程中，各个渠道不仅要做到全覆盖，还应做到国别差异化，根据不同区域的政策环境、经济文化特点以及政治经济诉求做出合理布局。

在此基础上，渠道建设将是落实战略布局的重要一步。

首先，网络平台建设方面，需将网络平台分为他造平台和自造平台。他造平台包括 Facebook、Twitter、Instagram、Amazon、YouTube、Google 等国外社会力量控制下的平台。虽然这些平台的算法和管理有其自身考量，但由于其与全球受众连接，因而是中国对外传播无法放弃也不该放弃的重要渠

---

① 胡正荣：《国际传播的三个关键：全媒体·一国一策·精准化》，《对外传播》2017 年第 8 期。

② 胡正荣：《国际传播的三个关键：全媒体·一国一策·精准化》，《对外传播》2017 年第 8 期。

道。除了辐射国际的社交平台，也要考虑在不同国家活跃的各类本土社交平台。自造平台方面，主要包括 TikTok、WeChat、Shein 以及各个国际版软件等。第一，差异化是全球平台流量与用户竞争中的重要策略。不管是 TikTok 还是 Shein，都抓住了与头部平台不同的路径，创造了新的传播形式，引领了新的消费行为。第二，数字化已经高度渗透社会生活，数字平台不仅仅是那些提供社交功能的平台，还应该涵盖购物、日常生活、生产等多元化场景。因此，应鼓励多维度、多样态的全球服务平台的搭建，构建场景化的自主平台渠道。第三，根据目标国家与中国的政治关系，采取不同的发展策略。

其次，传统媒体渠道建设方面，需聚焦"借船出海"和"造船出海"两条渠道进行建设规划。在"借船出海"方面，通过媒体合作等方式借力外媒渠道传递中国声音。在"造船出海"方面，需要主流媒体全面布局，整体性发力。一方面，主流媒体自身建立一体化系统，各主流媒体之间也要建立协同运作系统。另一方面，要巩固壮大传播矩阵，广泛应用5G、人工智能、VR/AR、4K/8K 等新技术，实现多平台多终端的内容广泛聚合与精准分发。

再次，本方案将人文交流渠道大致分为：（1）主体，包括各个对外交往的人员、组织，如留学生、对外合作高校、企业等；（2）空间，包括城市、口岸、友好城市；（3）事件，包括电影节、奥运会、政治会议、节日庆典等。在主体上，人和组织是他国人民直接感受中国的重要载体与渠道，因此要发挥人和组织的积极性与协调性，在人员的跨文化培训上下大功夫，同时各企业、社会组织可以通过组织活动的方式，积极搭建人文交流渠道。空间上，城市是人和文化的容纳器，因此，要挖掘城市文化、打造城市品牌，通过友城合作，布局体系化的城市对外传播格局，提高国际知名度和影响力。另外，事件上，电影节、奥运会等媒介突破空间界限，应注意除了形成品牌化事件，还要通过整体渠道策划最大化提升传播效果。

策略机制是优化布局环节考察的重点。为了使传播能够从"走出去"到"走进去"，要考虑策略机制，本土化战略是策略之一。所谓国际传播本土化，是指根据用户所在国或地区的特定传播环境，聘用本土人才，进行贴近性强的内容生产、传播以及运营管理。[①] 例如，主流媒体层面，*China Daily* 会根据不同区域推出亚洲版、非洲版等版本；网络平台层面，TikTok 通过招聘本土人才等方式在海外市场站稳脚跟；而在人文交流层面，在跨文化交流过程中，由于文化差异的存在，文化折扣随之产生，在人文交流渠道全球布局中，本土化同样重要。

---

① 邹妍艳：《国际传播发展路径：全球布局与本土发展——以中国国际广播电台实践为例》，《现代传播（中国传媒大学学报）》2014 年第 11 期。

第三节　国际传播渠道之协同发展

将媒介视作基础设施，会看到"基础设施"之间联动的可能性。不同基础设施有不同的连接能力，而且在新技术可供性基础上，这种联动性又大大加强。新媒介技术环境下，传统媒体融合新媒介，产生新的形态。新兴传播样态也在不断出现。网络平台、媒体和人文交流渠道并非三条互不交织的轨道，它们形态不一、维度不同，但在实践中往往你中有我、我中有你，所以需要探索三者之间的协同路径，为国际传播实践提供理论指导。

一、聚焦战略协同

协同理论认为，在千差万别的系统中，均存在子系统之间的相互影响与协作关系。协作形成协同效应，推动事物向前发展。如果子系统之间不能进行良好的协作，系统必然呈现无序状态，发挥不了整体功能，且终至瓦解。① 因此，在国际传播渠道建设中，要协同各子系统，推动对外传播发展。

战略传播是近年来国际传播研究领域的"关键词"之

---

① 程曼丽：《国际传播能力建设的协同性分析》，《电视研究》2014 年第 6 期。

一。① 渠道战略是战略传播的重要组成。平台作为一种数字基础设施，潜移默化地影响了主流媒体和人文交流渠道的建设。平台和主流媒体、人文交流渠道交融过程中，并非简单的渠道借位，而应该上升到体制机制的转型。政府部门及媒体开始探索从科层管理走向扁平化管理，比如在宣传管理部门和媒体内部建立具有一体化功能的国际传播办公室，正是当下的一种管理创新。② 也有学者认为，当下的平台媒体建设应该设立中央和国家层面的领导小组或跨部门联动机制进行顶层规划和设计，中宣部、国新办、网信办、外交部、文旅部等职能部门作为执行单位，整合协调外宣媒体、互联网平台和民间机构的力量，协同开展议程设置和议题管理，形成上下联动、合纵连横的战略传播机制。③ 本方案认为，除了国际传播内部基础设施需要协调，同样需要重视传播领域和社会各个有机子系统的嵌入，从而实现渠道疏通、信息畅通的连接效应。在这样的连接效应下，我们能够将国际传播实践融入社会运转（如每一次对外贸易也是一次国际传播行动），从而建构更为立体完整的国家形象。

---

① 史安斌、童桐：《从国际传播到战略传播：新时代的语境适配与路径转型》，《新闻与写作》2021 年第 10 期。
② 程曼丽：《国际传播能力建设的协同性分析》，《电视研究》2014 年第 6 期。
③ 史安斌、童桐：《从国际传播到战略传播：新时代的语境适配与路径转型》，《新闻与写作》2021 年第 10 期。

二、聚焦理念协同

人类命运共同体成为我国对外传播的核心理念。新冠疫情全球大爆发更提醒我们，所有国家置身于共同的"风险社会"之中，我们休戚与共，没有人可以置身事外。新世界主义理论的核心是打造人类命运共同体，具体表现为：反对霸权主义和西方中心主义，主张世界多极化和文化多元化；反对地域保护主义，主张人财物通信自由流通、开放合作；反对利己主义，主张共商共建、共赢共享、共生共荣；反对干涉他国内政，主张和谐包容、市场运作、和平发展；反对否认、歪曲、篡改历史，主张牢记历史，防止历史悲剧重演。[①]

国际传播渠道建设的理念协同是指，应该秉承人类命运共同体的理念，将"中国梦""人类命运共同体""文明交流互鉴"等概念进一步整合构建成具有严整逻辑关联的理论体系，使得这些话语能够互相勾连、互相延伸。实现这一理念协同，不仅需要我们对相关理念进行阐释，还需向世界阐释清楚相关理念要义，破除世界对中国的误解，让这些理念不仅达到意义协同，也能实现内外协同，从而使我们能站在全人类的立场上，传递中国故事，提供中国方案。

---

① 邵培仁、周颖：《国际传播视域中的新世界主义："命运共同体"理念的流变过程及动力机制研究》，《浙江社会科学》2017 年第 5 期。

031

三、聚焦策划协同

国际传播战略实施需要"调兵遣将",进行整体性筹谋擘画,包括在传媒产业布局、新媒体技术运用、民族品牌形成等领域,以及核心价值观建设、对外形象建构、国际传播人才培养等方面进行全盘考虑,在传播方案、主题、产品、渠道等方面进行统合规划。① 形态不同、功能不同的三个渠道,在具体策划过程中也需做到协同创新。数字网络平台给予主流媒体平台和人文交流渠道更广阔、及时的触达空间,传统媒体平台给予网络平台和人文交流渠道更多、更权威的社会关注,人文交流渠道提供了充满人文色彩、人情温度的文化聚集平台。在国际传播实践中,三条渠道可以通过策划协同以追求更好的传播效果。因此,这部分将会基于案例,重点考察如何针对传播议题、内容与用户特性,并结合三类传播渠道不同的功能、特点进行策划协同。

四、聚焦评估协同

建构国际传播渠道效果评估指标体系,着眼于战略构想与具体实施之间的协同互动,对传播效果进行动态考察,是国际传播建设的重要环节。② 本方案认为,应协同构建国际

---

① 程曼丽:《国际传播能力建设的协同性分析》,《电视研究》2014 年第 6 期。
② 刘燕南、刘双:《国际传播效果评估指标体系建构:框架、方法与问题》,《现代传播(中国传媒大学学报)》2018 年第 8 期。

传播渠道效果评估指标体系。（1）体系层面：目前各个渠道按照渠道特点各自进行效果评估，要注重顶层设计和协同策略，在不同议题、项目主题下进行协同评估。（2）用户层面：网络平台、媒体平台和人文交流渠道看似属于不同形态，但三者都着眼于目标受众的心理、思想和行为，因此应该遵循传播规律，基于受众构建一体化、高标准、可操作的效果评估体系。（3）数据层面：不同渠道应积极进行数据整合，做出趋势分析。可利用数据深度挖掘等方法，统合用户调查等各类线下线上数据，对渠道传播效果进行评估。

　　国际传播渠道建设是一项系统化的工程。国际传播渠道是国际信息流通的重要桥梁，在"万物皆媒"的时代，传播媒介泛化让国际传播渠道变得复杂多样。目前有关国际传播渠道问题的讨论主要针对某一类别或者某个具体渠道展开，并没有将三类渠道视作一个有机整合体进行系统考量。本方案从媒介"基础设施"的理论视角出发，厘清国际传播渠道的类别、现状、布局，提出国际传播渠道有效整合协同的路径，以拓展现有国际传播能力建设的学术讨论维度。

第三章　动态的权力关系：
海底电缆的全球布局及其变化

章节提要：以海底电缆为代表的媒介基础设施作为一种物质资源连接着世界，支撑着全球范围的信息交流与社会运行，日渐成为国际传播领域关注的重点。通过抓取全球海底电缆的主要着陆点、所有者、供应商等数据，分析探讨不同国家在全球海底电缆布局中的位置、行动和立场，本章试图揭示全球海底电缆背后的全球传播权力格局。全球数字基础设施使一些国家占据优势地位，也意味着其他一些国家被排斥在外。海底电缆对国家安全至关重要，因此它已成为政治博弈的新舞台。本章将这一主题与国际传播领域长期备受关注的世界信息传播秩序等议题相关联，通过展示海底电缆的动态权力关系，期待以媒介基础设施为视域丰富当前国际传播领域的理论探讨。

"虚拟""数字""云端"等词汇似乎是描绘互联网的绝佳词汇，而实际上，是5G、电缆、卫星、服务器、基站等基础设施，托起了信息全球化的基底。1858年8月，英国爱尔兰（欧洲）与纽芬兰（北美洲）之间铺设完成了世界上第一条洲际海底通信电缆[1]，随着光缆技术的不断完善，全球信息交互越来越通达。截至2023年初，全球海缆总数量已经超过500条。[2] 在众多技术中，海底电缆已经成为"地球村"重要的底层基础设施。

基础设施，如肥沃或贫瘠的土地、丰富或稀缺的淡水等，作为社会运行所需的物质资源连接着世界。信息全球化给某些国家带来了巨大的发展机遇，但也意味着另一些国家在信息化时代处于边缘地位。2022年1月，太平洋岛国汤加的火山喷发导致一条海底电缆断裂，使这个拥有10.5万人口的王国与世界脱节，备受全球关注。此外，作为承载信息的媒介基础设施，海底电缆不仅关系着互联网信号的流通，对国家

---

① 《科技日历丨第一条跨大西洋电报电缆几经艰难终落成》，https://baijiahao.baidu.com/s?id=1640996736359525588&wfr=spider&for=pc。

② 参见海底电缆地图网站"海底电缆常见问题"（"Submarine Cable Frequently Asked Questions"），https://www2.telegeography.com/submarine-cable-faqs-frequently-asked-questions?__hstc=196094579.1852b6f62ae5461a699aa7e80e055c6a.1620827506168.1626126220956.1626139254572.81&__hssc=196094579.1.162613 9254572&__hsfp=3839890209。

安全也至关重要，从而成为政治操弄的舞台。媒介基础设施研究涉及国际传播学长期关注的问题，例如传播秩序、权力关系、传播正义等。研究以海底电缆为代表的媒介基础设施对于国际传播以及全球政治经济文化的影响有其必要性。[①]

第一节　媒介基础设施：国际传播学研究传统

从交通基础设施（火车、轮船、公路、铁路、飞机）发展到能源基础设施（水坝、水库、发电厂、智能电网、变电站）再发展到数字时代的数字基础设施（包括5G等通信基础设施以及数据中心等算力基础设施），人类社会的基础设施形态不断变化。海底电缆是数字基础设施的重要组成部分，将其作为媒介基础设施进行分析，能在物质坐标上观察看似模糊（nebulous）的数字流通。[②]

基础设施研究沿着两条主要的路径发展。第一条路径，从历史视角分析大型技术系统；第二条路径，则强调了基础

---

① 陆国亮：《国际传播的媒介基础设施：行动者网络理论视阈下的海底电缆》，《新闻记者》2022年第9期，第55－69页。

② Nicole Starosielski, "Fixed Flow: Undersea Cables as Media Infrastructure", in *Signal Traffic: Critical Studies of Media Infrastructures*, University of Illinois Press, 2015, p. 67.

设施中人的关键作用，如工作实践、个人习惯和组织文化等。① 海底电缆作为传输信息的媒介基础设施，由公共实体和私人公司拥有，是设计方案、监管政策、集体想象力和重复使用的产物。② 基础设施背后的资源、技术、劳动力和关系对于塑造、激发和维持全球、国家和地方层面的视听信号传播至关重要。③ 关注基础设施在全球传播中的影响，若只看到其演进的历史和对媒介信息的承载作用，仍难跳脱以内容为中心的视角。而海缆作为各国综合国力和权力竞争的基础，关注其背后的权力关系，或许能从媒介基础设施视角探索国际传播研究的新路径。

国际传播研究传统中，有学者注意到了媒介基础设施与传播政治经济关系之间的连接。彭达库尔（Pendakur）等人将媒介基础设施的技术/物质层面与其意识形态层面联系起来，指出基础设施项目在战后第三世界"现代化"努力中的核心地位。④ 而在 20 世纪 70 年代至 80 年代，第三世界国家对于全球传播秩序的主要批判点在于，西方国家控制了全球

---

① Plantin, Jean-Christophe, et al, "Infrastructure Studies Meet Platform Studies in the Age of Google and Facebook", *New media & society*, 20 (1), 2018, pp. 293－310.

② Parks & Starosielski eds., *Signal Traffic: Critical Studies of Media Infrastructures*, University of Illinois Press, 2015, p. 5.

③ Parks & Starosielski eds., *Signal Traffic: Critical Studies of Media Infrastructures*, University of Illinois Press, 2015, p. 5.

④ Pendakur M. The New International Information Order after the MacBride Commission Report: an international powerplay between the core and the periphery countries, *Media*, *Culture & Society*, Vol. 5, 1983, pp. 395－411.

媒介设施，传播发达国家信息的同时，也传播西方的价值观念。① 第三世界对传播秩序的不满同时意味着对新秩序的诉求。1980 年，麦克布莱德委员会向联合国教科文组织提交题为《多种声音，一个世界》的报告，明确提出要建立更加公正和高效的世界信息传播新秩序，但该努力也面临诸多困境。

国际传播领域的批判传统提醒我们，在将传播渠道作为一种基础设施讨论时，特别是将海底电缆作为媒介基础设施讨论时，要着重考量目前世界各国在渠道技术设施上的现状，特别是地缘政治关系以及不对等格局，并且在此基础上探讨建设以中国为主导的渠道基础设施的政治经济意义。

基于以上考量，本书的研究问题包括：（1）不同国家拥有的着陆点存在怎样的差异；（2）海底电缆掌握在哪些机构手里；（3）海底电缆主要的承建方是哪些机构；（4）海底电缆的格局现状以及动态演变对理解国际传播秩序具有何种意义。

本书将以数据为指引探索科技公司以及各个国家在全球海缆分布中的行动和地位，以勾勒海缆背后的权力关系地图。研究数据来自电信地理公司（Telegeography）推出的海底电缆地图网站（https://www.submarinecablemap.com/）。② 该网

---

① 罗昕：《世界信息传播新秩序建构的脉络变迁与中国进路》，《内蒙古社会科学》2019 年第 1 期。

② 中国社会科学院大学新闻传播学院王雪玲同学在数据爬取方面提供了协助，在此表示感谢。

站已经将全球海缆数据做成了互动式的可视化地图。根据该网站介绍，2023 年初，网站更新并跟踪了 552 条活跃和计划运行的海底电缆数据，包括 2026 年之前（包含 2026 年）已经以及即将开启服务的海缆。① 全球海缆盘根交错，无法直观识别和统计各个国家、地区的海缆数据并比较数据大小，因此本书通过爬取该网站 2023 年度更新的基础数据，并在数据分析的基础上结合文献和公开资料分析海底电缆所展现的国际传播格局。爬取的数据内容包括每条海缆的名字（name）、开通时间（RFS，Ready For Service）、长度（length）、着陆点（landing points）、拥有者（owners）、供应商（suppliers）等信息，爬取时间是 2023 年 4 月初。

第二节　延续、不均与奋起：
海底电缆的传播格局与动态变迁

一、延续：海底电缆的"西强"格局

海底电缆在沿海地区拥有诸多着陆点。在这些着陆点上，

---

① 海底电缆地图（Submarine Cable Map），"Submarine Cable Frequently Asked Questions"，https://www2. telegeography. com/submarine－cable－faqs－frequently－asked－questions?＿hstc＝196094579. 1852b6f62ae5461a699aa7e80e055 c6a. 1620827506168. 1626126220956. 1626139254572. 81&＿hssc＝196094579. 1. 1626139254572&＿hsfp＝3839890209。

布局着大量的数据中心，这些数据中心将陆地的数据中转至海底电缆，海底电缆再利用光纤和中继器向世界传递信息。一个着陆点可能有多条海缆经过。这些着陆点是一个国家重要的"数据港口"，承载着国内外公司、家庭的信息访问与传输。一般而言，经过某国的数据航路越多，该国的全球网络就越发达，与世界联系得也就更紧密。印度尼西亚、美国、英国、菲律宾、加拿大、意大利、西班牙等处于关键位置，中国排在第十一位。印度尼西亚是个岛国，由非常多的小岛组成，岛与岛之间需要用海底电缆进行信息连通，因此，着陆点数量位列第一。值得注意的是，美国拥有 200 个左右海缆着陆点，位列第二。作为大陆国家，美国的海底电缆分布在太平洋和大西洋沿岸，全球大量数据在美国东西海岸流通。再者是英国、加拿大等西方国家，作为早期海底电缆的开拓者，拥有更多的着陆点和海底电缆。

通过以上数据可以看出，美国拥有流畅的数据通路且作为重要的全球数据中转站，在全球信息流通方面具有优势地位。陈帅等人在对全球海缆连接数据进行网络分析之后，同样发现美国、埃及、印度尼西亚、日本、英国等节点是全球互联网的核心枢纽，在网络中占据关键地位。[①] 正如所有道路连接在一起通向罗马一样，跨洋电缆和电报服务、无线电

---

① 陈帅等：《地缘博弈中的全球网络空间资源争夺》，《科技导报》2021 年第 22 期，第 85－93 页。

广播以及卫星一起成为连接全球的技术高速公路。[①]

海底电缆的掌控权主要由公司形式获取，在拥有者（公司）名称中除了中国、意大利、马来西亚，很少出现国家名称。可以发现美国仍在全球海缆所有权中占有领先地位。全球海缆拥有数量前20的公司中，美国最多，有4家；英国有3家，位居其次。美国的谷歌（Google）、威瑞森（Verizon）、美国电话电报公司（AT&T）和元宇宙（Meta）等公司均位于海缆数量前20的名单里。而且，从整体数据来看，美国公司拥有的海缆数量高达125条，约为英国的两倍；美国有海缆公司共24家，数量是英国的3倍多。除了印度尼西亚、菲律宾等需要大量海缆作为基础设施的岛国，发达国家在全球海缆的拥有权中仍占据主导地位。

在海缆建设方面，美国、法国、日本仍在全球占据垄断地位。海缆供应商拥有建设海缆的技术。从图3-1可以看出，阿尔卡特海底网络公司（ASN，法国）、海底通信公司（SUBCOM，美国）以及日本电气股份有限公司（NEC）位于全球海缆供应商前三名。ASN参与建设的海缆有145条，约为美国SUBCOM的两倍（但这并不意味着ASN建设的海缆长度大于SUBCOM）。法国、美国公司目前建造了全球约70%的海底电缆，并且ASN和SUBCOM几乎承包了所有的跨太平

---

① M. Pendakur, "The New International Information Order after the MacBride Commission Report: an International Powerplay between the Core and the Periphery Countries", *Media*, *Culture & Society*, Vol. 5, No. 3-4, 1983, pp. 395-411.

洋、跨大西洋海缆。与此同时，美国互联网企业投资新建的海底电缆由于采用了更新的技术，盈利和传输能力都要优于此前建设的老旧电缆，有市场评论认为，这将逐步迫使欧洲电信运营商放弃维护成本高昂的第一批电缆。[①]

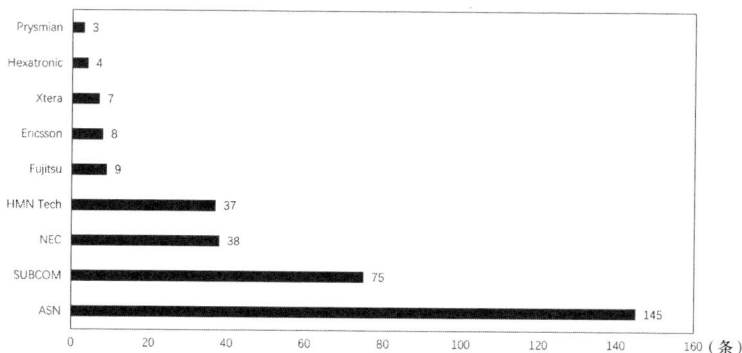

图 3－1　主要海缆供应商建设海缆数量[②]

全球互联网嵌入并延续着传统、现代、后现代相混杂的政治经济格局。[③] 二战前后，美国因军事动机和消费主义驱动开启了技术革命，一系列新媒体很快成为传统媒体的补充，包括广播、电视、网络、移动电话等。这些新媒体功能的实

---

① 《科技动态丨四大巨头争相海底"织网"》，https://mp.weixin.qq.com/s/kz4JazYKflDuX5ZCVAVDXw。
② ASN，阿尔卡特海底网络公司，法国；SUBCOM，海底通信公司，美国；NEC，日本电气股份有限公司，日本；HMN Tech，华海通信公司，中国；Fujisu，富士通株式会社，日本；Ericsson，爱立信电信公司，瑞典；Xtera，宽宇科技，美国；Hexatronic，赫克萨特龙，瑞典；Prysmian，普睿司曼，意大利。
③ 洪宇：《后美国时代的互联网与国家》，《国际新闻界》2020 第 2 期，第22 页。

现都有赖于电缆、信号基站等基础设施的建立，且其建设和维护往往需要专业的技术和劳动力。全球信息活动的基础仍然是"西强"格局。当下，国际传播的相关研究往往将西方强大的文化渗透力，归因为西方媒体的全球影响力、美国强势的好莱坞产业和先进的互联网技术与商业战略，却较少关注数字基础设施的全球扩展，如何为美国一系列文化产品和功能软件（例如 Facebook、Twitter 等）输向全球提供可能。因此，国际传播研究不仅需要关注媒体与用户的传播动态，也需要关注当下日新月异的基础设施将会为全球信息流动带来何种变革和机遇。

二、不均：中心与边缘的矛盾

海底电缆是具有经济属性的基础设施，不仅为经济活动提供基础信息服务，还需要依托经济活动收回建设成本并获取利润，这导致经济需求对海底电缆产生强大磁吸效应。此外，一国政府往往从数字化和全球化竞争的长远利益考虑，用强力财政政策支持信息基础设施建设，因而海底电缆也具有政治属性。在经济和政治利益的驱动下，全球信息基础设施布局同样呈现中心与边缘的系统特征，这种"边缘性"指向数据资源的不对称性。经过美国、英国、加拿大等发达国家的海缆有 70 条以上，尾部国家与其相差数十倍。例如，就着陆点而言，有些国家有上百个着陆点，而汤加、刚果、罗马尼亚、格鲁吉亚等国只有 1～2 条海缆的着陆点，如图 3-2 所示。

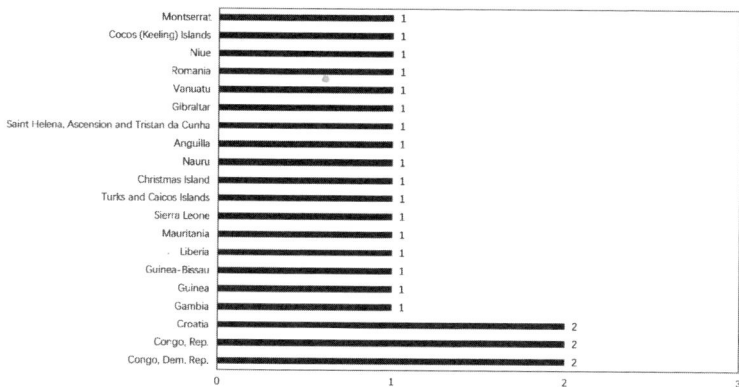

图3-2 着陆点数量排名后20位的国家或地区

基础设施作为一种社会运行的物质资源连接世界，过少的海底电缆（尤其对于岛国来说）意味着与世界的联系密度和速度都与他国存在差距。那些无法从15—16世纪之交的新航路开辟中获得利益的第三世界国家，在21世纪的今天，在数字新航路的交织中，几乎仍然是弱者。由于海缆仍然沿着旧有的航线铺设，经过主要的海峡和运河，如马六甲海峡、曼德海峡、直布罗陀海峡、苏伊士运河、巴拿马运河等。① 因此，资源分配仍然沿着旧路径，像新加坡这样依托极佳的咽喉位置发展起来的城市具有密集的海缆优势。但是那些偏远的国家，似乎依旧无法通过海缆改变地理劣势，进而获得发展契机，因为大部分海缆线路不会特意经过那些国家。在此以汤加为例进行说明。汤加是位于南太平洋赤道附近的偏

---

① 陈帅等：《地缘博弈中的全球网络空间资源争夺》，《科技导报》2021年第22期，第85—93页。

远小国。2013 年，一条由世界银行和亚洲开发银行资助的连接汤加和斐济的长达 827 千米的海底电缆投入使用，让与世隔绝多年的汤加也同全球互联网接上了轨。该线路连接汤加与斐济，维持着这个偏远小国与外界的联系。考虑到投资回报率低，为汤加等岛国铺设海底电缆的项目往往不受资本待见，且维修电缆又需要耗费高昂的费用。2022 年 1 月，汤加火山喷发，导致该地海底电缆损坏，这个拥有 10.5 万人口的岛国与世界"失联"，备受世界关注。①

此外，在信息流通层面，信号交通往往选择最便宜的路线，而不是最快的路线。为了降低成本，在到达目的地之前，一些国家的数据往往先经过美国的洛杉矶。海缆走向同样影响国家的信息安全。由于电缆穿过国家领土，通过电缆传输的信息同样容易受到该国的监控。② 例如，《卫报》曾报道英国间谍机构 GCHQ（British Government Communications Headquarters）能够从光纤电缆中提取长达 30 天的全球网络数据加以存储利用，并和合作伙伴美国国家安全局（NSA）共享大量敏感个人信息。③ 一方面，有些国家过少的海缆导致其对外交流滞后；

---

① 《憧憬元宇宙的人类或被电缆"卡脖子"：我们都可能成为失联的汤加》，https://www.163.com/dy/article/GU66VTHM0512DU6N.html。

② Parks & Starosielski eds., *Signal Traffic: Critical Studies of Media Infrastructures*, University of Illinois Press, 2015, p. 5.

③ Ewen MacAskill, Julian Borger, Nick Hopkins, Nick Davies & James Ball, "GCHQ Taps Fibre - Optic Cables for Secret Access to World's Communications", *Guardian*, June 21, 2013.

另一方面，电缆的分布结构意味着国家的信息安全存在隐患。中心与外围的差距滋生权力不平衡，从海底电缆领域来看，不同国家媒介技术设施接入权力的差异意味着其参与世界交流的能力差异。

三、奋起：信息主权的争夺

如图 3 - 1 所示，华海通信（HMN Tech，原名华为海洋）排名第四，承建 37 条海缆，虽只占 SUBCOM 的 50% 左右，但这已然很不容易。华海通信等企业在十多年的时间内，把中国打造成为全球重要的国际海缆通信中心之一。[①] 中国的海缆生产企业具有一定的成本和地域优势，周边国家对海缆的需求也为中国企业带来了潜在市场，不过国际上大厂垄断仍为行业现状。[②]

值得注意的是，《卫报》称英国间谍机构 GCHQ 能够从光纤电缆中提取长达 30 天的全球网络数据加以存储利用，并和美国合作伙伴国家安全局（NSA）共享大量敏感个人信息。[③] 海缆建设不仅涉及盈利问题，还涉及政治博弈。"少数

---

① 《全球海缆业格局迎新变化　中国海缆建设企业成"黑马"》，https://cloud. tencent. com/developer/news/689990。

② 《全球海缆市场瓜分百亿规模"大蛋糕"》，https://www. sohu. com/a/480020613_ 121124367。

③ "GCHQ taps fibre - optic cables for secret access to world's communications"，https://clinicalnews. org/2013/06/21/gchq - taps - fibre - optic - cables - for - secret - access - to - worlds - communications/.

发展中大国试图超越'中心—边陲'的传统国际传播秩序，'他者崛起'构成影响全球互联网的重要政治经济力量。"①

目前，中国正成为全球互联网基础设施建设的佼佼者。华海通信（HMN）自 2008 年成立以来，一直为地中海、南美海岸以及印尼岛屿之间的小型网络提供海底电缆，因而在西方主导的市场中占有一席之地。如图 3-3 所示，HMN 建造的海缆里程数也从 2009 年的不足 5000 千米增长到 2022 年的 3 万千米左右。2019 年以后，华海通信共计参与了近百个海底电缆铺设或升级项目，正迅速赶上美、法、日三强，全球市场份额也从不足 5% 快速提升到 20%。②

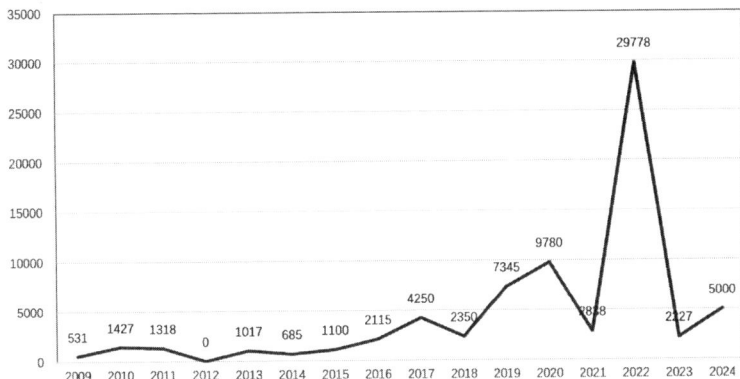

图 3-3　2009 年—2024 年 HMN Tech 建设海底电缆里程（单位：千米）

---

① 洪宇：《后美国时代的互联网与国家》，《国际新闻界》2020 年第 2 期，第 22 页。

② 《12000 公里，华为参建海底光缆今年正式完工！此前已获近 100 个大单》，https://baijiahao.baidu.com/s?id=1693841497482478385。

　　这迅速引起了美国等西方国家的关注，并开始对中国的海缆建设项目进行干预。[①] 为了遏制中国技术的扩散，一方面，美国通过发布报告等舆论手段限制中国的订单数量，当华为签署一份连接纽约和伦敦的海缆建设合同之后，美国众议院情报委员会发布了一份报告，警告使用中国供应商的风险，暗示中国制造的设备可能被用来窃取情报。[②] 另一方面，美国科技巨头在全球构建的内容帝国开始向下延展，构建新的海底电缆基座。从数据上看，2010 年至今，谷歌投资了 21 条海底电缆，其中有 7 条是谷歌独立投资，少部分是和其他科技公司共同建设。同样，Meta 目前也在全球拥有 15 条海缆，大部分委托 ASN、SUBCOM 建造，并且不是独立投资，而是和其他科技巨头合作。各大科技巨头争相在海底构建网络基础设施，这与亚马逊、微软和谷歌竞相在全球发展云计算服务和建设数据中心有关，而海缆对此意义重大。脸书虽然没有云服务业务，但为确保数十亿用户的顺畅访问，并在未来扩张直播视频和虚拟现实服务，同样在该领域不惜投入重金。[③] 可见，美国科技公司已经抢先一步为新的互联网生

---

　　① H. McGeachy, "The Changing Strategic Significance of Submarine Cables: Old Technology, New Concerns", *Australian Journal of International Affairs*, Vol. 76, No. 2, 2022, pp. 161 – 177.

　　② Parks & Starosielski eds., *Signal Traffic: Critical Studies of Media Infrastructures*, University of Illinois Press, 2015, p. 5.

　　③ 《科技动态｜四大巨头争相海底"织网"》，https://mp. weixin. qq. com/s/kz4JazYKflDuX5ZCVAVDXw。

态占领底层基座。此外，从 2017 年特朗普政府公布《国家安全战略报告》（*US National Security Strategy*）再到美国总统拜登 2022 年在白宫签署《芯片和科学法案》（*CHIPS and Science Act 2022*），中美在技术上展开竞争，中国科技企业面临被遏制的压力，自建新路的过程异常艰难。

与此同时，需要注意的是，尽管中国在海底电缆建设行业中不断突破，但是中国人均海缆带宽资源并不多。根据《中国国际光缆互联互通白皮书（2018）》，中国人均海缆带宽资源仅为美国的 5%、日本的 10%，国际海缆发展仍显不足。[①] 有电信专家指出，从全球海底电缆通信网络的角度来看，我国仅是支路而非主干线路，更非区域节点，相关海缆只是处在满足自用的阶段，基本没有承接相关中转流量的枢纽作用，我国海缆建设现状与网络强国地位和规划不相称。[②] 随着国际交往不断增加，国际通信、金融结算、贸易等对于信息传输将会有越来越大的需求。加强国际海缆基础设施建设，有利于把握国际信息高速公路的自主权，增强中国的影响力。[③]

[①] 中国信息通信研究院：《中国国际光缆互联互通白皮书（2018）》，第 9 页。

[②] 《全球海缆业格局迎新变化　中国海缆建设企业成"黑马"》，https://cloud. tencent. com/developer/news/689990。

[③] 《全球海缆业格局迎新变化　中国海缆建设企业成"黑马"》，https://cloud. tencent. com/developer/news/689990。

基础设施是"提供跨空间交换可能性的有形物质网络"①，影响全球用户的信息接收体验。流媒体、短视频、游戏产业、智能产业的全球扩张往往需要媒介技术和基础设施的完善作为保障。比如跨服网络游戏的玩家往往会选择较近的服务器以减少传输延迟，一家出海的游戏公司若要提供一项全球多人在线的游戏服务，则需要配备完善的基础设施装置。另外，了解基础设施工作的本质涉及揭示其发展过程中做出的政治、伦理和社会选择。②

在5G等新型基础设施给国际传播带来的影响方面，学者们更多关注新技术为传媒应用带来的新可能③，但新基建的物质性和物质性背后的地理与社会意义往往被遗忘。媒介基础设施视角能够超越技术进化、社会技术特征等视角，使人们通过关注海底电缆背后的权力关系图谱，进而审视媒介基础设施中的不平等关系以及发展中国家在重建国际传播新秩序中的努力。我们不得不承认，作为全球接入虚拟世界的入口和承载"地球村"的地基，由数字基础设施搭建起来的运行后台对于公众乃至政治和法律都是难以触碰与理解的黑箱。

---

① B. Larkin, "The Politics and Poetics of Infrastructure", *Annual Review of Anthropology*, Vol. 42, 2013, pp. 327 – 343.

② J. Hunsinger, L. Klastrup & M. Allen eds., *International Handbook of Internet Research*, Springer Science & Business Media, 2010, p. 97.

③ 卢迪、邱子欣：《5G时代的全球传播生态变革与发展》，《对外传播》2021年第9期，第72 – 76页。

如何打破科技的垄断，让全球基础设施发挥公共价值并保证网络安全，仍是存在多方博弈且值得理论界关注和探讨的全球议题。

第四章　新闻传播的全球化语境：
理论框架以及中国实践

章节提要：全球化是一个复杂的过程，涉及经济、政治、文化等多个领域。在全球化的大背景下，新闻传播领域发生了深刻的变化，比如，新闻传播的研究对象、方法和范式与之前有所不同。本章探讨新闻传播的全球化范式，包括全球传播多元主体的发展、非西方媒体生产中心的崛起等话题。本章对比了全球主导模式和全球公共领域模式，同时也探讨了中国对软实力的追求等议题。

新技术环境下主流媒体提升国际传播能力需要充分考虑全球化的语境和影响。对于新闻传播研究者而言，全球化意味着新的语境、新的概念以及新研究范式建构的可能性。本章将会就新闻传播的全球化范式进行专门探讨。首先分析全球化范式的讨论要点，再选择两个主导理论进行专门讨论。与此同时，由于中国媒体正在寻求全球传播格局中的位置，本章也会对中国经验进行专门介绍。总体而言，本章内容主要包括国家形象、软实力、国际传播能力建设以及人类命运共同体等中国对外传播中主要聚焦的概念、理念以及相应的实践。

第一节　全球化与新闻传播：理论框架

全球化是当今世界的客观现实，时空被前所未有地压缩，社会关系日益紧密，社会冲突日益激烈，个体、组织、国家以前所未有的规模参与到全球化的进程中，以不同的角色和重要程度卷入全球化，又以不同的方式推动全球化或者逆全球化的过程。媒介与传播则是这个过程的核心。现如今，通过全天候、全球性的实时信息流动，媒介深深嵌入全球化的进程，而全球化也日益媒介化。新的数字传播技术每时每刻都将大量的文字、图像传送到世界各地，而手机和互联网也提供了前所未有的各种各样的连接机会，让"世界"相连成为寻常之事。新的数字信息技术成为全球化的基础设施，与此同时，也是意识形态角逐的新领域。

理论家们对全球化的概念有不同的认识，说明这个理论富有多种含义，具有一定的复杂性。有理论家从时空延伸①、整体意识强化②等维度进行定义。阿帕度莱强调了全球化世界中社会关系的复杂性以及不同社会类型和社会实践存在的非对应关系：这种新的全球文化经济应该被看作复杂的、重叠的和不连贯的，不能再使用现有的"中心—边缘"模式来理解和阐释……目前全球经济的复杂性是由经济、文化和政治之间的分裂造成的，而这种形势目前还未得到理论化。③

对于国际传播研究者而言，全球化也意味着新的研究范式建构的可能性。本章将会就全球化范式进行专门探讨。

一、全球化范式的要点以及全球化范式视域下的传播现象

科林·斯巴克斯系统梳理了全球化范式的概念框架。④本章将在其概念框架的基础上，结合全球传播理论研究的新近发展，就全球化范式的要点进行探讨。这些要点包括：全球传播多元主体的发展、非西方媒介生产中心的崛起以及"本土"理论的回应。我们同样需要指出，全球化范式并非

---

① A. Giddens, *The Consequences of Modernity*, Polity Press, 1990.

② 罗兰·罗伯森：《全球化：社会理论和全球文化》，上海人民出版社，2000 年。

③ A. Appadurai, "Disjuncture and Difference in the Global Cultural Economy", in M. Featherstone, ed., *Global Culture: Nationalism, Globalization and Modernity*, Sage, 1990, p. 296.

④ 科林·斯巴克斯：《全球化、社会发展与大众媒体》，刘舸、常怡如译，社会科学文献出版社，2009 年。

被广泛接受，而是也面临质疑和批评。

（一）全球传播多元主体的发展

国家位于国际传播理论分析的中心位置。思考全球传播现象的理论家，首先思考的是如何超越固有理论的"国家"中心论，对全球传播的多元主体进行理论思考。

这在理论上的体现是对"方法论上的国家主义"进行反思。① 兰塔宁认为国际传播学科仍然是以"方法论跨国主义"（methodological inter-nationalism）为特征。② 国际传播研究通常被区分为国际宣传研究、媒体和发展研究、媒介帝国主义研究和全球化研究等阶段。兰塔宁认为，在国际传播研究的不同阶段，国家被定位为不同的角色，这些角色包括意识形态传播者、西方化的机构（westernizing agency）、主权国家等。

而在全球化理论家看来，去中心化恰恰是这个时代的特点。科林·斯巴克斯指出，过去，国家的疆界基本可以看作社会生活（包括文化生活）的范围，而随着国家权力的减弱，国家已经不再是掌控这些事物的唯一因素。

全球媒体不再以国家为边界。有学者认为，卫星电视传

---

① I. Volkmer ed., "Deconstructing the 'Methodological Paradox'：Comparative Research between National Centrality and Networked Spaces", in *The Handbook of Global Media Research*, Wiley-Blackwell, 2012, p. 111

② T. Rantanen, "Methodological Inter-Nationalism in Comparative Media Research. Flow Studies in International Communication", in A. Rooscall & I. Salovaara-Moring eds., *Communicating the Nation*, Nordicom, 2010, p. 27.

播的范围远远超出了国家的边界，互联网在设计时，就已经完全没有边界了。①

新的技术发展也为不同群体之间开辟了新的沟通渠道，并为建立相互关系重塑空间。我们看到全球传播的舞台上活跃着多元主体，包括对各类资源越来越有掌控力的跨国企业，也包括各类国际组织。国际组织越来越多地参与到全球传播政策的制定之中。与此同时，跨越国际边界的各类社会网络也逐渐形成，在环保、公共卫生、和平等议题上发挥着重要作用。库利等基于去疆域化（deterritorialized）的各种现象，提出"跨越本土"（translocal）的研究设想。这些现象包括移民、社会运动、流行文化社区以及宗教活动等各种类型的跨边界实践。② 值得注意的是，强调新媒介的连接功能并不意味着媒介"无所不能"。正如大卫·莫利指出，手机媒介在社会政治事件中的作用取决于许多因素。③

库兰认为，这种超国家性（supra-national）也同样在支

---

① S. Hjarvard, "Mediated Encounters: an Essay on the Role of Communication Media in the Creation of Trust in the 'Global Metropolis'", in G. Stald & T. Tufte, eds., *Global Encounters: Media and Cultural Transformation*, University of Luton Press, 2002, p. 71.

② Nick Couldry & A. Hepp, "Media Cultures in a Global Age", in Volkmer ed. *The Handbook of Global Media Research*, John Wiley & Sons, Ltd., 2012, pp. 92 - 110.

③ Morley & David, "Mobile Communications and Ubiquitous Connectivity: Technologies of Transformation?" in *Communications and Mobility: The Migrant, the Mobile Phone, and the Container Box*. Wiley-Blackwell, 2017, p. 162.

撑新的全球—地方联系中的群体形态。[1] 韩裔美国人可以在加利福尼亚的有线电视上观看韩国电视节目，就像英国观众可以在伦敦的有线电视上观看印度节目一样。数字平台技术的迅猛发展，使得虚拟社区的建立更为容易。现在，社区的身份不用通过珍贵的明信片和祖父母的褪色记忆来维持，而是通过文化信息来维持。[2]

（二）非西方媒体生产中心的崛起

全球传播格局迅速变动。全球传播领域，值得注意的现象是非西方文化生产中心的崛起。在《全球传播：理论、利益攸关者与趋势》中，迈克费尔（Thomas L. Mcphail）讨论了欧洲媒体、阿拉伯媒体与半岛效应以及亚洲媒体的全球化，对阿拉伯媒体、亚洲媒体的现状进行了梳理。安娜贝丽·斯雷伯尼则在其讨论国际传播理论的文章中介绍了多元文化主义模式，认为西方产品的单方向流动以及文化帝国主义"霸权"模式已经被更改。[3] 从经验上来看，20世纪90年代的媒介环境结构更加复杂，在全球传播格局中，可以看到多种多样的媒介行为者和媒介产品的跨边境流动。更多的国家开始生产和出口媒介产品，包括印度和埃及的电影、墨西哥和巴

---

① J. Curran & M. - J. Park, eds., *De-Westernizing Media Studies*, Routledge, 2000, p. 6.

② Dayan, D., "Particularistic Media and Diasporic Communication", in T. Liebes & J. Curran eds., *Media*, *Ritual and Identity*, Routledge, 1998.

③ 安娜贝丽·斯雷伯尼：《国际传播中的全球性和地方性》，载库兰、古尔主奇编《大众媒介与社会》，杨击译，华夏出版社，2006年，第89页。

西的电视节目等。

在过去的十年中，出现了各种新的跨国新闻频道，这些变化呈现出国际新闻传播的新景象。沃克马尔使用"全球'微'领域"（global micro sphere）来指称这些全球舆论格局中出现的舆论空间。[①] 她指出，在世界危机等特殊情况中，尽管美国媒体在削减国际报道的预算，但观众对现场报道的需求依然强劲。这些新兴媒体迅速在全球新闻格局中获得了新的地位。可以说，未来它们将越来越多地在"逆流"（contraflow）的概念意义下提供新闻报道，即生成全球公共领域中的"微观领域"。

"逆流"是研究非西方国家信息流动的关键词之一。国际传播学界也非常重视研究非英美国家对全球信息传播秩序垄断的挑战。达雅·屠苏区分了"主导的媒体流动"（dominant media flows）和"逆流"（contraflow）。前者主要来自全球北方，以美国为核心；后者指代原先处于全球媒体行业外围的媒体信息流动。[②] 根据屠苏的整理，商业运作的案例包括印度电影业（俗称宝莱坞）、拉丁美洲电视剧（telenovelas）以及南非的 M-Net，而得到国家支持的媒体则包括全天候的多语种欧洲新闻台（Euronews）、法国电视国际五台

---

① Ingrid Volkmer, "Journalism and Political Crises", in Barbie Zelizer & Stuart Allan eds., *Journalism After September 11*, Routledge, 2002, pp. 235–246.

② Daya Kishan Thussu ed., *Media on the Move. Global Flow and Contra-Flow*, Routledge, 2007, p. 10.

（TV5）、法国国际广播电台（Radio France Internationale）。国家支持的媒体还包括半岛电视台（Al Jazeera）、南方电视台（Televisora del Sur，Telesur），2005年推出的旨在"从俄罗斯的角度"提供全天候英语新闻的"今日俄罗斯"（RT TV）以及中国国际电视台（CCTV－9）。① 半岛电视台取得了一定的成绩，但近些年发生的状况表明这种努力正面临重重挑战。

半岛电视台（Al Jazeera，在阿拉伯语中是"岛屿"或"半岛"的意思）于1996年成立于卡塔尔首都多哈。该台节目每天24小时不间断播出。电视台的资金来源于卡塔尔政府。半岛电视台因提供不同于西方媒体的报道视角而被认为是阿拉伯地区最为重要的新闻机构。在2001年"9·11"事件之后的阿富汗战争中，半岛电视台获得在塔利班控制区域独家采访的权利，这使它在国际新闻领域异军突起，成为阿拉伯世界乃至全球具有重要影响力的电视媒体（被称为"海湾的CNN"）。根据沃克马尔的研究，半岛电视台节目通过合作协议进行国际扩张（与ABC、BBC和德国公共广播公司ZDF合作），并在英国、印度尼西亚和马来西亚（翻译成马

---

① 中国国际电视台初名为中央电视台英语国际频道，于1997年6月27日试播，2000年9月25日正式开播，呼号CCTV－9。2010年4月26日，英语国际频道更名为英语新闻频道，呼号由CCTV－9调整为CCTV－NEWS。2016年12月31日，央视旗下的中国环球电视网（China Global Television Network，CGTN）正式成立。

来语）等地区通过卫星分发。① 为了削弱半岛电视台在阿拉伯国家的世界政治影响力，CNN 推出阿拉伯语网站 cnn.arabic.com 作为回应。2016 年 1 月 13 日，半岛电视台美国频道（AJAM）CEO 安斯蒂（Al Anstey）宣布，会在当年 4 月 30 日前结束其在美国的有线新闻网络以及数字化新闻业务。

俄罗斯的 RT 电视台也引起了国际传播学者的注意。2005 年底，"今日俄罗斯"国际电视台（RTTV）开播，由俄罗斯政府全额资助，目的是用俄罗斯的观点报道全球新闻。"今日俄罗斯"在 2007 年和 2009 年分别设立了阿拉伯语和西班牙语频道，后来又相继开办德语和法语频道。与此同时，"今日俄罗斯"进一步拓展传播疆域，2010 年，成立了直接面向美国受众且在华盛顿工作室独立制作的美国分台（RT America）；2014 年 10 月 30 日，专门为英国市场量身打造的英国频道（RT UK）正式开播。"今日俄罗斯"还在视频网站 YouTube 上播放节目，以扩大影响力。在叙利亚危机、乌克兰危机和克里米亚等事件上，"今日俄罗斯"均与西方主流媒体针锋相对。"今日俄罗斯"在美国的发展面临种种压力。美国联邦调查局（FBI）敦促 RT 电视台和俄罗斯卫星通讯社在美国登记为外国政府代理人，对此"今日俄罗斯"的编辑人员表示不满。RT 电视台 2017 年 11 月 10 日在美国被

---

① Ingrid Volkmer, "Journalism and Political Crises", in Barbie Zelizer & Stuart Allan eds., *Journalism After September 11*, Routledge, 2002, pp. 235 - 246.

登记为外国政府代理人。①

（三）"本土"的回应

"本土"是多义的概念，在全球传播研究的语境中呈现出不同含义。在受众研究、媒体产品适应地方市场的过程以及媒体制作等不同的环节都能看到"本土"这个概念。同样复杂的是，英文的 local 一词在中文中也对应多种译法，包括"在地""本土""本地""地方"等。

"本土"这个概念对于理解全球传播至关重要，理解新的理论范式之前必须要对其进行讨论和思考。斯巴克斯指出，和全球化同时出现的是对本地化（the local）的重新重视。②而在讨论国际传播的全球性和地方性（the local）时，安娜贝丽·斯雷伯尼指出，重要的是，通过这种视角能认识到并公正地看待全球和地方之间动态的张力以及全球性和地方性界限的变动。③

"本土"是一个复杂的概念，其边界与国家边界不一定重合。它有其地理、空间上的指向，在社会关系上同样富含意义。阿帕度莱指出，本地性主要指涉关系和社会背景。④

① 《RT 电视台在美被登记为"外国代理人" 俄反击：限制美媒在俄活动》，https://www.sohu.com/a/204375774_162522。

② 科林·斯巴克斯：《全球化、社会发展与大众媒体》，刘舸、常怡如译，社会科学文献出版社，2009 年，第 149 页。

③ 安娜贝丽·斯雷伯尼：《国际传播中的全球性和地方性》，载库兰、古尔主奇编《大众媒介与社会》，杨击译，华夏出版社，2006 年，第 89-90 页。

④ A. Appadurai, *Modernity at Large: Cultural Dimensions of globalization*, University of Minnesota Press. 1996, p.178.

斯巴克斯指出，现在全球化的世界和以前人类历史上的任何一个时代都存在根本的不同。在以前的社会中，传统意义上的本地是个非常普遍的现实，而新的本地性只存在于现代世界中。①

赛诗雅指出"本土"这个概念在社会学和地理学等学科领域已经被讨论了几十年。② 在全球传播的理论化过程中，本土的理论视野可以加深观察者对媒体产业和产品本地化以及媒体产品接受和消费多样化的理解。斯雷伯尼指出，国际传播进入第三世界，最终得到了人类学家和传播研究者的检视。③ 这些研究探讨了电视如何改变巴西人的社交活动以及时间使用类型，也探讨了"公共文化的各种技术"如何影响埃及的贝督因群体，以及摩洛哥农村小镇的人们如何与"来自不同世界的各种符号"交互。斯雷伯尼指出，这些研究显示了对来自不同地点和时期的各种各样的文化图像的后现代式拼凑（bricolage），这些文化图像在非工业化的世界内流通，对于这些邂逅至今尚不能以一种简单的效果来解释。④

① 科林·斯巴克斯：《全球化、社会发展与大众媒体》，刘舸、常怡如译，社会科学文献出版社，2009 年，第 152 页。

② S. Witteborn, "Deconstructing the 'Methodological Paradox': Comparative Research between National Centrality and Networked Spaces", in Volkmer ed., *The Handbook of Global Media Research*, Wiley-Blackwell, 2012, p. 314.

③ 安娜贝丽·斯雷伯尼：《国际传播中的全球性和地方性》，载库兰、古尔主奇编《大众媒介与社会》，杨击译，华夏出版社，2006 年，第 101 页。

④ 安娜贝丽·斯雷伯尼：《国际传播中的全球性和地方性》，载库兰、古尔主奇编《大众媒介与社会》，杨击译，华夏出版社，2006 年，第 103 页。

而在文化的表现上，混杂或者杂交文化成为全球化时代文化交互的复杂过程的概念化表达。

全球化范式也面临诸多批评。瑞思（Reese）提醒我们"地球村"这种说法具有乌托邦色彩。① 他指出，到目前为止，跨国媒体和节目尚没有能够让"世界成为一个村庄"这种说法成立的内容。而库兰（Curran）则告诉我们，也许国家仍然具有中心重要性，并且它们具有持续的意义，这往往被全球化理论所忽视。② 斯巴克斯同样对全球化范式进行了反思，这些反思包括国家角色、本地的作用等。③ 吴飞在对国际传播理论进行反思时指出，在论述姿态的简单交替中，研究者过于迅速地将某些"过时"的理论弃若敝屣，而忽略了它们可能提供的理论资源和分析工具。④

二、全球化与新闻传播的理论框架

具体到全球新闻研究领域，科特尔梳理了在渊源、代表人物、本体论、认识论和典型的研究议题方面存在差异的理论取向：全球主导范式和全球公共领域模式。他认为，两个

---

① S. D. Reese, "Journalism and Globalization", *Sociology Compass*, Vol. 4, 2010, pp. 344 – 353.

② J. Curran & M. – J. Park, eds., *De-Westernizing Media Studies*, Routledge, 2000, p. 30.

③ 科林·斯巴克斯：《全球化、社会发展与大众媒体》，刘舸、常怡如译，社会科学文献出版社，2009 年，第 162 – 206 页。

④ 吴飞等：《国际传播的理论、现状和发展趋势研究》，经济科学出版社，2016 年，第 136 页。

范式各自的核心部分，在"国际传播和全球传播"及"权力的机制和意义"等方面，存在根深蒂固的理论导向差异。①他认为，由于全球新闻形成和流动的国际关系、地缘政治力量和对抗性利益、意识形态观点等在本质上富有争议，不同理论学派关系复杂、路径不同，这是不可避免的。科特尔就全球新闻传播的理论范式提供了可行的分类方案，如表4-1所示。接下来，本章将结合这个分析以及新进研究就全球新闻传播的理论框架展开讨论。

表4-1　全球新闻传播的两种理论范式

全球主导范式	全球公共领域模式
全球主导范式的研究通常在政治经济学的批判传统中进行，并修正这个传统。	全球公共领域模式的研究代表了更分散的群体，其学科思想来自文化研究、人类学，以及全球网络社会的研究路径。
从地缘政治的结构和利益以及植根于政治经济的市场意志等出发研究权力。	倾向于探索世界主义公民权和全球公共领域的形成，聚焦跨国文化的传播、流动、迁移和网络。
倾向于研究市场和公司利益在当今文化产业结构中的作用。	研究文化意义和身份话语在全球范围内的流动。

（一）全球主导范式

斯雷伯尼指出，全球性市场的兴起和跨国公司的角色问

---

① 迈克尔·科特尔：《新闻与全球化》，载琳·沃尔-乔根森、托马斯·哈尼奇编《当代新闻学核心》，清华大学出版社，2014年，第363-380页。

题，始终处于有关全球化讨论的中心，其中跨国公司如何使用全球市场进行生产并获利等问题，更是老生常谈而不衰败。[①] 纵观几十年的全球媒体榜单，排名变化已是常事，这包括公司之间司空见惯的并购等资本运作。比如 AT&T 这家公司在 2018 年收购时代华纳，并在当年"福布斯全球上市公司 2000 强"中排名第三（见表 4－2）。时代华纳曾多年稳居全球传媒公司高位。

表 4－2　"福布斯全球上市公司 2000 强"（前八位）

1	Comcast
2	The Walt Disney Company
3	AT&T
4	CBS Corporation
5	Viacom
6	Access Industries
7	News Corp
8	Hasbro

麦克费尔指出了这个现象背后的经济逻辑和跨国逻辑。他认为，经济决定论与自由市场的信念，包括全球并购和竞

---

① 安娜贝丽·斯雷伯尼：《国际传播中的全球性和地方性》，载库兰、古尔主奇编《大众媒介与社会》，杨击译，华夏出版社，2006 年，第 87 页。

逐国外市场，把权力和讨论的焦点从小镇大街（main street）转移到了华尔街（Wall Street），甚至股票市场也成为跨国实体。越来越多的美国公司——从好莱坞、百事达，到音乐、微软——如今50%以上的盈利都在国外。[1] 对于支持主导模式的理论者而言，市场化、地缘政治经济、经济自由化、媒体集团化等构成其理论的主要元素。[2] 也有理论者指出，在这个语境中，跨国公司和区域资本的形成设法把"传播空间变成殖民地"[3]。麦克费尔运用电子殖民理论，对此进行了阐释拓展，他指出，随着电子殖民主义的发展，出现了一种新的文化现象，这一全球性的现象主要是由大型多媒体集团驱动的。这些集团控制、重新生产和传播的文字、图像和声音在全球流动，努力影响受众的思想，无论这些受众身在何处。[4]

这就是戴伯里克所总结的[5]，全球媒介破坏了地方文化的形式和意义，地方文化正在消失，而世界范围内的人类主

---

[1] 托马斯·L. 麦克费尔：《全球传播：理论、利益相关者和趋势》，中国传媒大学出版社，2016年，第3页。

[2] R. McChesney, *Rich Media*, *Poor Democracy: Communication Politics in Dubious Times*, University of Illinois Press, 1999; O. Boyd-Barrett, & T. Rantanen eds., *The globalization of news*, Sage, 1998.

[3] O. Boyd-Barrett, & T. Rantanen eds., *The globalization of news*, Sage, 1998.

[4] 托马斯·L. 麦克费尔：《全球传播：理论、利益相关者和趋势》，中国传媒大学出版社，2016年，第23页。

[5] 弗兰克伊斯·戴伯里克：《图像的恐怖：国际关系与全球图像循环》，载迈赫迪·萨马迪编《国际传播理论前沿》，中国传媒大学出版社，2016年，第97页。

体也更加喜欢将他们的生活定义与西方化的消费者客体、文化视觉符号联系在一起。其他人则认为，全球事件的电视广播直播让观众变得紧张，尽管他们对这类事件的历史、文化背景几乎都不熟悉。当这些"全球媒介事件"进入非原住民的团体时，便会改变当地的生活习俗。当然，媒体的运用，尤其像电影和电视这类视觉媒体，对于政治信念和政治体制的生产和再生产极为重要。

因此，帝国主义话语是否依然有效成为理论家争辩的焦点。博伊德－巴雷特（Boyd-Barrett）指出，随着非殖民时代的到来，人们倾向于认为帝国主义话语已成为过去。但是从21世纪以来发生的事件来看，博伊德－巴雷特指出人们必须质疑此观点。[1] 科特尔进一步指出，全球化的话语可能受到排斥，因为其被认为不过是意识形态的烟幕弹，隐藏着西方国家的力量、公司利益和新自由主义经济持续的地缘政治现实。[2]

（二）全球公共领域模式

当然，也有学者对新闻全球化的感知要乐观许多。在全球公共领域研究方面，沃克马尔的研究经常被讨论和援引。沃克马尔将全球新闻与新兴的全球公民社会进行勾连。基于

---

[1]　Oliver Boyd-Barrett, "Researching the News Agencies", in Volkmer ed., *The Handbook of Global Media Research*, Wiley-Blackwell, 2012, p. 339.

[2]　迈克尔·科特尔：《新闻与全球化》，载琳·沃尔－乔根森、托马斯·哈尼奇编《当代新闻学核心》，清华大学出版社，2014年，第365页。

麦克卢汉的地球村理论和哈贝马斯的公共领域理论，她认为全球新闻传播构建了一个全球公共领域，从中产生了全球公民社会。① 当然，她的具体论证要更为细致，包括对参与式技术以及全球传播媒介化过程的讨论。

沃克马尔指出，全球公共领域或多或少是自治的，而且这个领域很复杂，似乎没有特定的秩序。② 全球公共领域日益使国内新闻与国外新闻的二元区分变得不再那么有效。她也注意到，全球公共领域的媒体基础设施已经有了很大的变化。当然，这个全球公共领域是全新的形态还是原有传播体系的重组，是一个有争议的话题。也有学者认为，所谓全球公共领域并非与原来在民族国家中讨论的公共领域有什么本质的差异，无非是在一个跨国家场景下讨论而已。

此外，全球传播究竟会导致当地文化的同质化，还是会让差异文化得到认可，也是学者们讨论的话题。学者通过研究发现，全球新闻传播能够反映文化差异，而且对不同地区文化差异的描绘能够促进人们对于世界各地文化差异的认识。科特尔等对媒体内容的分析表明，媒体框架能够对当地文化

---

① Ingrid Volkmer, *News in the Global Sphere: A Study of CNN and its Impact on Global Communication*, University of Luton Press, 1999.

② Ingrid Volkmer, "Journalism and Political Crises", in Barbie Zelizer & Stuart Allan eds., *Journalism After September 11*, Routledge, 2002, p. 243.

进行认知和认可，并非"控制"和消弭文化差异。① 正如科特尔所指出的，沃尔克莫、汉纳兹和其他学者的研究让我们重新检视全球新闻的文化传播，了解在当今全球传播中文化分裂和差异被限定在何种程度，并思考全球媒介如何促成新的"全球定居区"，或是全球归属和世界公民的感觉。② 学者们也在思考，全球公共领域所提倡的理念是一种应然的原则还是一种经验上得到支持的实践原则。与此同时，该路径也激发了许多学者进行实证研究。

第二节　面向世界的对外传播：
概念、实践与理念

在全球化的今天，中国对外传播实践处于全球化语境，是全球信息网络的组成部分，具有政治、经济和文化层面的意涵。讨论从中国出发面向世界的传播，首先离不开对国家形象、软实力等概念的探讨。

①　Simon Cottle & Mugdha Rai，"Global 2/7 News Providers：Emissaries of Global Dominance or GlobalPublic Sphere"，*Global media and Communication*，Vol. 4，No. 2，2008，pp. 157－181.

②　迈克尔·科特尔：《新闻与全球化》，载琳·沃尔－乔根森、托马斯·哈尼奇编《当代新闻学核心》，清华大学出版社，2014年，第365页。

一、国家形象的概念探讨

国家形象既包括一个国家公民对自身国家的认知，也包括其他国家或地区的公众对其的认知。在全球传播语境中，国家形象一般是指对外的国家形象，也就是其他国家公众对一个国家总体特征和属性的感知。20 世纪 90 年代以来，随着中国与西方世界的交往日益密切，针对中国国家形象的研究方兴未艾。

有关国家形象的研究在国外始于 20 世纪 50 年代，最初主要集中于国际关系领域，后逐步扩展到国际政治、心理学、商品广告学、传播学等领域。① 西方和中国的国家形象研究存在较为明显的学科差异。西方的研究主要集中在国际关系学、政治心理学、商学等学科，国内的研究则以国际关系学和新闻传播学为主。② 近年来我国对于塑造国家形象愈加重视，国家形象研究在当代中国渐成"显学"之势。③

在国际政治和国际关系领域，国家形象因具有政治功

---

① 彭继裕、施惠玲：《主体、机制、绩效：国家形象塑造的治理维度》，《北京交通大学学报（社会科学版）》2021 年第 4 期，第 170 页。
② 王海洲：《"国家形象"研究的知识图谱及其政治学转向》，《政治学研究》2013 年第 3 期，第 3－16 页。
③ 董军：《国家形象研究的学术谱系与中国路径》，《新闻与传播评论》2018 年第 6 期，第 105－120 页。

能①而被纳入战略框架的考量。②肯尼斯·博尔丁因其在 20 世纪 50 年代关于国家形象的研究，被公认为国家形象理论的奠基人。他认为国家形象的建构有三个重要维度：国家的地理空间、外部对其的敌意和友谊、外部对该国的强弱判断。这为国家形象研究奠定了基础。③④冷战结束之后，赫尔曼（Herrmann）等将国家形象和心理学概念图示（schemata）结合起来，认为决策者会按照持有的印象处理新信息，从而做出决策。⑤这也是政治心理学传统进入国家形象研究之后的代表成果之一。在国际关系中，国家形象建设长期以来就是外交政策的一部分，并且已经受到理论家的关注。彼得·范·海姆提出"品牌国家"（brand state）概念，认为形象和声誉成为国家战略资产的重要组成部分。⑥

　　在商学（尤其是营销学）领域，国家形象被视为能够为国家带来竞争优势的品牌，是国家营销的重要内容。新闻传

---

　　①　孙有中：《国家形象的内涵及其功能》，《国际论坛》2002 年第 3 期，第 16 页。

　　②　韩源：《全球化背景下的中国国家形象战略框架》，《当代世界与社会主义》2006 年第 1 期，第 99－104 页。

　　③　Kenneth E. Boulding，"National Images and International Systems"，*Journal of conflict resolution*，Vol. 3（2），1959，pp. 120－131.

　　④　王海洲：《"国家形象"研究的知识图谱及其政治学转向》，《政治学研究》2013 年第 3 期，第 11 页。

　　⑤　Richard K. Herrmann，et al.，"Images in International Relations：An Experimental Test of Cognitive Schemata"，*International Studies Quarterly*，Vol. 41（3），1997，pp. 403－433.

　　⑥　Peter van Ham，"The Rise of the Brand State：the Post Modern Politics of Image and Reputation"，*Foreign Affairs*，Vol. 80（5），2001，pp. 2－6.

播学科对"国家形象"研究非常重视。由于大众传播的建构力量，许多学者通过内容分析法、案例分析法、话语研究等方法研究国家形象的他塑和自塑。除此之外，比较文学、海外汉学、历史学等领域通过定性方法研究文学作品、史料中的异国形象也独树一帜。例如雷蒙·道森在20世纪初写的《中国变色龙——对于欧洲中国文明观的分析》一书，1998年美国著名历史学家史景迁所写的《大汗之国：西方眼中的中国》，都为探寻国家形象的建构机制提供了参考。

近年来，中国对软实力的注重以及中国媒体"走出去"的实践，已经成为国内外学术界的热议话题。面对西方媒体的指责和挑战，中国对于国际形象愈发重视，也非常重视自身在全球舆论场中的话语权和软实力。源于美国学术界的"软实力"概念，开始了在全球的学术旅行。20世纪90年代这个概念进入中文语境，不仅在学术界有影响力，也在21世纪进入中国的政策话语，并且与中国国际传播能力建设等实践息息相关。

二、软实力的政策话语表述以及实际举措

约瑟夫·奈在1990年出版的《注定领导世界：美国权力性质的变迁》一书中对"软实力"概念进行了阐发，他的软实力理论更加侧重于吸引力，并非强迫的力量。① 他在书中

① Joseph S. Nye, *Soft Power: The Means to Success in World Politics*, Public Affairs, 2004, p. 68.

指出，美国的形象及其对他人的吸引力是许多不同观点和态度的综合体，部分取决于文化，部分取决于国内政策和价值观，还与其外交政策的实质、策略和风格有关。

早在 20 世纪 90 年代，"软实力"这个概念就进入了中文语境，有"软权力"和"软实力"等译法。而增加了"文化"这个定语的"文化软实力"也在一些高级别文件之中被表述，说明政策制定者越来越意识到其潜能和重要性。而且，文化软实力在官方文件中的诸多表述说明"软实力"这个概念已经带有本土色彩。

党的十七大报告明确指出，要提高国家文化软实力，提出"文化越来越成为民族凝聚力和创造力的重要源泉，越来越成为综合国力竞争的重要因素"，并强调要"激发全民族文化创造活力，提高国家文化软实力"。在这个表述中，文化是综合国力的组成部分，提升文化软实力有助于增强综合国力和国际竞争力。党的十七届六中全会会议公报则指出，"文化在综合国力竞争中的地位和作用更加凸显，维护国家文化安全任务更加艰巨"，并强调"增强国家文化软实力、中华文化国际影响力要求更加紧迫"，在这段论述中，文化软实力与国家文化安全相联系。党的十八大以来，文化软实力也在高层领导人的讲话中多次出现，包括将文化软实力与国际话语权联系起来，指出"提高国家文化软实力，要努力提高国际话语权，加强国际传播能力建设，精心构建对外话语体系，发挥好新兴媒体作用，增强对外话语的创造力、感召力、公信力，讲好中国故事，传播好中国声音，阐释好中国特色"等。而党的十九大报告也明确了提高文化软实力与强化国际传播能力建设之间的关系，指出要"推进国际传播能力建设，讲好中国故事，展现真实、立体、全面的中国，提高国家文化软实力"。

而在实践层面，中国对软实力的追求体现在多个方面。自 2004 年开始，中国开始系统地在全球推广语言和文化，以设立"孔子学院"和"孔子课堂"的形式对外传播中华语言和文化。软实力在学术界也引发了不同的声音。有学者对软实力的概念套用不甚理解，认为中国在媒体战略上的思路非常被动，外部压力和自我认知矛盾重重，对软实力的理解和运用都比较肤浅，所谓"塑造形象"的举措其实无助于中国软实力的提高。有人认为，替代资本主义全球化的另类政治经济与文化想象才是中国软实力战略的一条康庄大道，中国需要清晰地表达出一种批判性的政治与文化自我觉醒，从而引领一种超越资本主义和消费主义的可持续发展路径。[1]

三、作为战略的国际传播能力建设与媒体"走出去"

国际传播格局失衡、提升国际话语权的现实需要等内外因素，是中国提出加强国际传播能力建设的历史背景。从

---

[1] 赵月枝：《国家形象塑造与中国的软实力追求》，《文化纵横》2013 年第 6 期，第 52－59 页。

2008 年以来，"加强国际传播能力建设"等相关话语在重要讲话、重要文件中多次出现，说明其具有战略意义。2008 年，在庆祝中央电视台建台 50 周年大会等场合，时任党和国家领导人围绕加强国际传播能力建设发表了重要讲话，而在 2009 年，中央发布《2009—2020 年我国重点媒体国际传播能力建设总体规划》，国际传播能力建设相关研究开始集中且大量地出现。

《2009—2020 年我国重点媒体国际传播能力建设总体规划》要求，到 2020 年，在报刊、通讯社、广播电视和互联网等领域建成若干具有国际影响力的传媒集团，形成与我国经济社会发展水平和国际地位相称的媒体国际传播能力，加强国际传播能力建设成为中国媒体的战略任务。

在政策鼓励下，从中央到地方，中国媒体加紧海外布局，"走出去"步伐明显提速，方式和手段更加多元。就中央媒体而言，广泛采取供稿、供版、当地办报、合作办报、合办专栏、自办发行、入股等诸多方式，构建起双向互动的桥梁，一则推动中国的声音传播得更广，二则帮助国内受众更好地了解世界。随着国际传播能力建设工程的推进，也出现了很多新情况和新挑战，比如新媒体技术带来的媒体形态变化和媒体生态变化。针对全球传播环境的变化和数字经济的更迭，对外媒体建设了融媒体中心，在海外各类流行的社交媒体上开账号，运用各类新媒体技术，贴近海外受众，传播信息。

中国媒体的对外传播实践经历了多个阶段。新中国成立前，媒体对外传播的目标之一在于争取国际力量的支持。而国际主义主导着自新中国成立到 20 世纪 60 年代中期的国际传播实践①，在这个阶段，与亚非拉国家的关系是外交重点。改革开放时期，政府重视经济改革而非阶级斗争，将与西方国家主导的世界秩序接轨作为政府的工作重点。在这个阶段，对外宣传的重点地区也转向欧美。近些年，随着"一带一路"建设进程的加快，我国进一步拓宽了对外传播的布局。

国际传播能力的构成和界定是国际传播研究的重点。不同研究对国际传播能力界定不同。传播基础设施建设、信息生产能力、传播产业实力等要素以不同的组合被应用于国际传播能力评估。

为了推进我国新闻媒体国际传播能力建设，鼓励新闻工作者在对外传播中进一步增强中国声音，表达中国立场，有效影响国际舆论，中华全国新闻工作者协会在 2011 年第二十一届中国新闻奖的评选中，正式增设国际传播奖项。

四、国际传播新理念：构建人类命运共同体

值得注意的是，学界对媒体"走出去"的强调，并非只是对其方式方法的注重，也包括对价值观的强调。国际话语的较量归根结底被认为是价值观的较量。有学者指出，"构

---

① 云国强：《历史与话语模式：关于中国国际传播研究的思考》，《新闻大学》2015 年第 5 期。

建人类命运共同体”的价值理念和共同话语应成为对外传播话语基石。①

2013 年 3 月，“人类命运共同体”理念被提出；2017 年 2 月，“构建人类命运共同体”首次被写入联合国决议；随后，在 2017 年 5 月召开的北京“一带一路”国际合作高峰论坛上，“人类命运共同体”的概念得到进一步确立和深化；党的十九大报告将“坚持推动构建人类命运共同体”列为新时代坚持和发展中国特色社会主义的基本方略。

有评论指出，这一不断丰富完善的中国方略及其主张的共商共建共享的全球治理观，强调构建以平等公正、合作共赢为核心的新秩序，为国际秩序的革新完善提供了新的话语体系和路径选择。有学者认为，向全世界阐明中国智慧的“人类命运共同体”议题在当前全球危机时代的特定价值，是中国学界在国际传播研究中应该重点破题的方向。②

也有学者强调了人类命运共同体理念为新时代中国价值观国际传播带来的启示。③ 这些启示包括，一是要秉持全球视野的担当意识，不断拓宽中国价值观传播的格局，注重宣传中国的担当意识，推动中国价值观的国际认同；二是要具

---

① 程曼丽：《新时代中国国际传播话语建设思考》，《国际传播》2018 年第 2 期。

② 袁靖华：《中国的“新世界主义”：“人类命运共同体”议题的国际传播》，《浙江社会科学》2017 年第 5 期。

③ 唐润华、曹波：《人类命运共同体理念对中国价值观国际传播的新启示》，《中国出版》2018 年第 20 期。

备兼收并蓄的包容意识，主动吸纳他国文化中的优点，实现文化增值，但同时也不能失去"自我"；三是要有坚定不移的自信意识，在传播过程中要能保有高度的道路自信、理论自信、制度自信和文化自信，这是中国价值观国际传播的基础和保障；四是应坚持与时俱进的创新意识，不断在继承中华文化的基础上推陈出新，并在理念、话语、主体和渠道等各个方面进行全方位的创新。

德国社会学家乌尔里希·贝克（Ulrich Beck）向我们描绘了新的全球风险，比如核风险、生态风险、技术风险以及各种经济风险，也论证了"世界主义"（cosmopolitanism）的必要性。科特尔则向我们指出，在被英国脱欧、民粹主义等困扰的世界，全球化的黑暗面反而会激发一种跨国政治和世界主义视野，基于我们的共同人性以及共享的世界命运共同体。① 当今世界，全球链接的深度和广度凸显了全球协同合作的重要性，也体现了人类命运共同体理念的时代意义。

---

① Simon Cottle, "Journalism Coming of（Global）Age, Ⅱ", *Journalism*, Vol. 20（1）, 2019, pp. 102－105.

第五章 如何通过移动互联网 提升主流媒体国际影响力

——一个历史案例的探讨

章节提要：主流媒体正在积极布局互联网。通过研究海外受众的移动互联网使用情况、主流电视媒体和新兴互联网视频公司的移动互联网战略，本章认为传统媒体国际频道有必要抓住时机向移动互联网发力。同时，本章指出实施移动互联网战略时需要注意品牌效应、用户体验、持续影响力等方面。

早在十年前，随着媒介技术的更新换代，中国的对外传播实践也在与时俱进。央视扩大海外华文传播的方式之一是利用蓬勃发展的移动互联网，提升其在海外华文受众中的影响力。

中文国际频道曾推出过若干手机应用，比如《今日关注》《深度国际》《海峡两岸》等基于栏目的应用①，也包括《中华医药》等非新闻类的栏目应用。笔者在美国 IOS 应用市场发现，除了《中华医药》，其他几个中文国际频道新闻类栏目应用均已从商店移除。这个现象令外界匪夷所思。本章试图从移动互联网使用情况、几家主要电视台的移动互联网探索、移动互联网在海外华文传播中的应用前景等几个方面展开讨论，对移动互联网时代的对外传播实践做一个历史的记录。十年前，从移动互联网的角度讨论对外华文传播的文献较为鲜见②，笔者基于相关机构发布的调查数据，试图抛砖引玉，以拓展该研究的广度和深度。

第一节 海外移动互联网的用户调查：
以美国亚裔为例

根据相关调查机构 2014 年上半年发布的移动互联网调查数据，移动互联网在美国的使用程度很高，手机应用成为移动互联网的一个入口。中文国际频道的受众主要包括在海外

---

① 参见央视网络电视台应用介绍页面，http://app.cntv.cn/applist/index.shtml。

② 有学者曾撰文指出对外电视传播需要注意终端和用户特点的变化，但是没有结合华人受众的媒介使用特点讨论移动互联网时代对外华文传播需要注意的问题。参见李宇：《电视对外传播要注重海外播出终端技术的变化》，《对外传播》2013 年第 10 期。

生活的华人华侨和在海外就读的中国留学生，也包括对中国的现状和过去感兴趣的外国人。而根据皮尤研究中心在前几年的调查，亚裔的网络和移动终端使用率在美国的各族裔中名列前茅。从这个角度而言，我们需要重视利用新媒体特别是移动互联网以提升对外华文传播的影响力。

我们可以从调查机构 ComScore 在 2014 年 4 月 2 日发布的年度《美国数字媒体未来焦点报告》（*2014 U. S. Digital Future in Focus*）来看美国数字媒体的基本情况。① 根据这份报告，在迅速发展的移动互联网市场，2013 年年底智能手机和平板电脑渗透率分别达到 65% 和 34%。从操作系统的市场份额来看，Android 近年一直占据市场的最大份额，但是苹果 IOS 稳步增长的速度引人注目，而且与 Android 的差距在 2013 年缩小到 9%。

另外，从终端的角度来看，苹果以 4 成市场份额领先，三星紧随其后。根据 ComScore 另外一项调查②，在 2004 年 1 月，美国移动互联网使用率达到 55%，首次超过 PC 端，成为全美互联网浏览的主要终端。其中 App 浏览占互联网总流量的 47%，而手机浏览器仅占 8%。

美国亚裔的互联网使用率在美国各族裔中名列前茅。根

---

① 《ComScore：2014 年美国互联网趋势聚焦》，http://www.199it.com/archives/207961.html。

② 《移动应用互联网使用超过 PC 端》，http://money.cnn.com/2014/02/28/technology/mobile/mobile－apps－internet/index.html。

据美国电信和信息管理局（NTIA）2011 年的报告《数字国家》（*Digital Nation*）①，就家庭宽带使用率而言，亚裔领先于其他族裔，达到 68.8%，紧随其后的是白人，达到 68.3%（见图 5－1）。

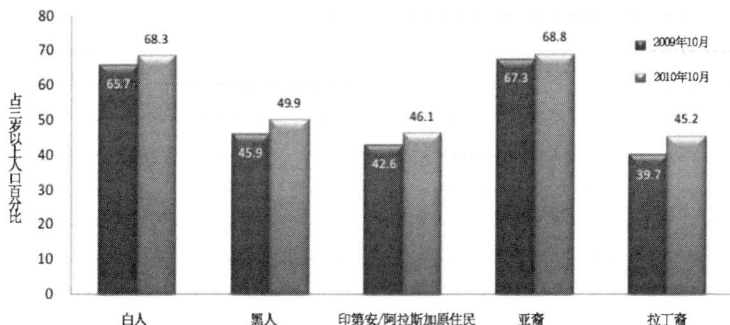

图 5－1　家庭宽带使用的族裔差别

根据皮尤研究中心 2011 年发布的报告《亚裔美国人和技术》（*Asian-Americans and Technology*）②，亚裔美国人不仅在宽带使用率上名列前茅，在网络使用频率上也是如此。与此同时，在移动互联网方面，亚裔的移动互联程度也是居于首位，手机使用率达到 90%。

事实上，有关机构可以组织开展海外华文观众的移动互

---

①《数字国家－扩大互联网使用》，http://www.ntia.doc.gov/report/2011/digital－nation－expanding－internet－usage－ntia－research－preview。

②《亚裔美国人和技术》，http://www.pewinternet.org/2011/01/06/asian－americans－and－technology/。

联网使用调查。相关的华文对外机构，比如央视中文国际频道、《人民日报》海外版、国际广播电台中文台、新华新闻电视网中文台，以及国外的华文媒体如麒麟卫视等可以合作建立数据中心，共享数据。

上文的数据在一定程度上向我们展示了美国亚裔的移动互联程度。相对于电视媒体，移动互联网的一个优势在于覆盖面更广。海外的华人华侨作为国外的少数族裔，分布相对分散，若中文国际频道试图覆盖多个华人地区，则成本不小。这也是中文国际频道通常会选择华人较为聚集的地方，比如纽约或者旧金山进行播放的原因。而这种播放模式不仅仅存在覆盖面不足的问题，也使中文媒体竞争激烈。移动互联网通过手机端传播信息的技术条件，可以部分解决华人分布分散这个客观问题。

第二节　几家电视媒体的移动互联网探索

基于移动互联网的传播方式有多种。移动互联网主要是指通过移动网络接入互联网服务，用户通过移动终端接入网络，进行信息的接收和传递。基于手机终端的移动互联网服务包括手机网页、手机报、播客、手机电视以及应用软件等。本节主要讨论基于手机应用的移动互联网信息传播。手机应用程序主要是指基于智能手机的功能（摄影摄像、重力感应等）开发出来的手机应用软件，而手机新闻客户端是指面向智能手机操作系统，如 IOS、Android 或 WP 开发的提供新闻信息的应用。目前苹果应用商店 App Store 和谷歌的应用商店 Google Play 是主要的应用市场。

根据手机应用分析机构 App Annie 提供的数据，在美国 IOS、Google Play 新闻类别应用榜单上，来自各个国家的电视媒体赫然在列，其中包括来自英国、美国、阿拉伯以及日本等国家的电视台和频道。就 IOS 排名而言，2014 年 6 月 15 日美国免费新闻类应用排名前 100 的有：CNN App for iPhone，FOX News，BBC News，Breaking News（NBC），ABC News，Al Jazeera America News，NBC News，Al Jazeera English，CNN Money Business and Finance，MSNBC，CNET，NBC Philadelphia，CBS News，CBS Local 等。[1] 而在 Google Play 2014 年 6 月 15 日美国免费新闻杂志类应用排名榜上，前 100 名包括：CNN Breaking US ＆ World News，FOX News，BBC News，NBC News，ABC News，CBS News，Al Jazeera English，CNNMoney Business and Finance，Al Jazeera America News，等等。[2]

这两个榜单中，除了美国本土电视台（如 CNN、FOX、ABC、NBC、CBS 等）开发的应用占据优势地位，来自英国

---

① 《2014 年 6 月 15 日美国免费新闻类应用排行》，http://www. appannie. com/apps/ios/top/united－states/news/?device＝iphone。

② 《2014 年 6 月 15 日美国免费新闻杂志类应用排行》，http://www. appannie. com/apps/google－play/top/united－states/application/news－and－magazines/。

的 BBC、中东的 Al Jazeera 以及日本的 NHK 值得关注。一方面，CNN、FOX、ABC、NBC、CBS 等美国电视台开发的应用除了提供各自专长的新闻报道，也推出了各种不同的功能，比如重要新闻推送、分割屏幕播放视频、离线阅读以及用户分享和参与，等等，以提升用户体验。另一方面，在这两份榜单中，除了英国的 BBC News，来自美国以外国家的电视台 Al Jazeera 同样排名靠前。在 IOS 榜单中，Al Jazeera America News 和 Al Jazeera English 的排名分别是 35 和 49。在 Google Play 榜单中，Al Jazeera English 排在 57 位，而 Al Jazeera America News 排在 86 位。从历史数据来看，Al Jazeera America News 和 Al Jazeera English 的表现一直很稳定。从 6 月 22 日到 7 月 21 日的历史数据来看，Al Jazeera America News 在美国新闻类应用一直排名前 50，而 Al Jazeera English 也排在前 100 名。此外，在 6 月 16 日的 IOS 榜单中，日本的 NHK 也进入前 500 名，World TV Live 排在 320 名。从 6 月 22 日到 7 月 21 日的数据来看，World TV Live 排名保持在前 800 名以内。①

从数据来看，英国的 BBC、中东的 Al Jazeera、日本的 NHK 面向北美的应用取得了不错的成绩。对于担负对外传播任务的中国电视媒体而言，这几家媒体面向移动互联网的探

---

① 《2014 年 6 月 22 日到 7 月 21 日 NHK World TV Live 美国新闻类应用排名》，http://www. appannie. com/apps/ios/app/350732480/rank - history/#vtype = day&countries = CN&start = 2014 - 06 - 22&end = 2014 - 07 - 21&view = rank&lm = 1。

索值得关注。

首先来看BBC。BBC News在美国榜单上领先于若干美国本土著名电视台开发的应用。作为全世界闻名的公共广播，BBC靠电视观众的执照费用获得预算。随着新媒体技术的升级，BBC开始利用互联网触达更多的受众，比如通过开设BBC网站来吸引网络使用者。随着各种移动设备的面世，苹果IOS和Google安卓移动平台的流行，人们越来越多地依赖移动互联网获取外界的信息，BBC也随之开发了基于移动互联网的信息入口。BBC的移动互联网渠道包括Iplayer和BBC News等。Iplayer是BBC推出的网络电视和电台平台，用户可以通过该平台回看过去7天内BBC播放的电视和电台节目。同一时段内，BBC News在北美新闻类应用的排名要高于BBC Iplayer。BBC News在6月22日到7月21日北美新闻类别应用的排名基本保持在20名以内。[①] BBC News是面向国际受众的应用，通过这一应用人们不仅可以阅读不同地区和类别的新闻，同样可以收听世界服务广播（BBC World Service）。此外，该应用提供简体中文、繁体中文、俄文、阿拉伯文、波斯文以及乌尔都语的新闻。

半岛电视台是另外一家值得关注的电视台。半岛电视台

---

① 《2014年6月22日到7月21日BBC News北美新闻类别应用排名》，http：//www. appannie. com/apps/ios/app/364147881/rank － history/# vtype ＝ day&countries ＝ US&start ＝ 2014 － 04 － 23&end ＝ 2014 － 07 － 21&device ＝ iphone&view ＝ rank&lm ＝ 2。

（Al Jazeera）于 1996 年成立于卡塔尔首都多哈。电视台的资金来源于卡塔尔政府，每天 24 小时不间断播出。半岛电视台因提供不同于西方媒体的报道视角而被认为是阿拉伯地区最为重要的新闻机构。这家电视台的海外频道有 Al Jazeera English、Al Jazeera America、Al Jazeera Balkans 等。看到新媒体技术的潜力，半岛电视台开发了基于互联网的渠道，比如 www. aljazeera. net；同样是看到移动互联网的潜力，半岛电视台积极开发了面向移动互联网的应用，用户可以使用 iphone、ipad、安卓手机、WP 以及黑莓等移动终端收看半岛电视台的节目。① 半岛电视台的成功当然不仅在于其涉足移动互联网，更在于其报道新闻的视角，但其新媒体的实践对于电视台提高影响力的作用也不容忽视。半岛电视台前新媒体主管 Mohamed Nanahbay 领导的新媒体实验室充分注意到了新媒体的价值，从而广泛利用互联网的各个发布渠道。

　　来自东亚的日本广播协会（NHK），也在国际传播中进行了新媒体的战略布局。NHK 作为日本唯一的公共广播机构，成立于 20 世纪 20 年代。NHK 的电视广播始于 1953 年。在国际传播方面，NHK 国际电视频道包括 NHK 环球电视频道（NHK World TV）和 NHK 环球收费频道（NHK World Premium），其中环球电视频道以英文提供节目，而球环收费

---

① 参见半岛电视台移动互联网终端介绍页面，http://www. aljazeera. com/mobile/201062372613309531. html。

频道的播送语言是日语。在 World TV 的网站上，我们可以观察到其针对美国就有多种收视方法，包括有线、数字地面和 IPTV 等①；在移动互联网方面，NHK 也开发了面向 IOS② 和 Android 的应用。③ 如前所述，在 2014 年的一项调查中，NHK 全球电视频道在美国新闻类应用中的排名一直在 800 名以内，在东亚电视台中表现较好。

值得注意的是，新华新闻电视网也推出了移动应用。2010 年 7 月 1 日，中国新华新闻电视网英语电视台（CNC World）开播。CNC World 每天 24 小时以英文播出新闻节目，其中大部分是国际新闻。与此同时，央视 CCTV NEWS 也推出了应用。这两个应用都在美国的应用市场上市，不过表现有待提升。

第三节　中文国际频道：移动互联网机会何在

美国的移动互联网应用市场成为各国英语电视媒体的逐鹿之地，而华文电视媒体也正参与其中。

---

① 参见 NHK World TV 收视方式介绍页面，http://www3. nhk. or. jp/nhkworld/english/tv/howto/。

② 参见 NHK World TV IOS 平台介绍页面，http://www3. nhk. or. jp/nhkworld/app/tv/support/ios_ en. html。

③ 参见 NHK World TV Android 平台介绍页面，http://www3. nhk. or. jp/nhkworld/app/info/index_ detail_ en. html?page1。

事实上，已经有一些中文电视频道开发了基于移动互联网的手机应用。美国的华文电视传媒包括美国中文电视和国际卫视都推出了移动客户端。美国中文电视（Sinovision）隶属美国亚洲文化传媒集团，创办于1990年。在WMBC 63.4和WMBC 63.3台等播出中文和英文节目，主要面向美东地区，节目包括《中文晚间快报》等。随着传播新技术的发展，中文电视也在积极探索新媒体道路，积极推出了网站和移动客户端。ICN电视联播网（International Chinese Network Inc.）台标为"国际卫视"，以中文和英文播放节目，传播渠道包括卫星、有线电视网以及网络等。ICN国际卫视面向IOS和Android平台开发了ICN移动台，用户可收看ICN中英文电视台的直播、点播节目以及查看专题活动。此外，香港的凤凰电视台也推出了若干基于IOS、Android和WP的应用客户端，包括凤凰新闻客户端、凤凰视频客户端和凤凰读书客户端，这些应用可以在北美的应用市场上下载。凤凰视频客户端不仅整合了视频资源，同时也提供直播功能，此外其"随手拍"功能可以让用户将所见拍下并与同伴分享。2014年6月，凤凰视频客户端在北美IOS排名保持在900名之内。

事实上，不仅华文媒体在试水国际移动互联网市场，若干中文网络公司开发的应用在北美的IOS市场也榜上有名，试图在海外的移动互联网市场有所斩获。

根据陆静雨《走出国门的移动应用》一文①，应用商店以及 Google Play 这类全球化市场的存在，大大降低了跨国产品推广的门槛，而苹果和谷歌提供的移动应用广告平台以及支付渠道等，又为应用提供了商业模式的保障，这些都是国内移动应用走出国门的机遇。根据这篇文章，微信、UC 浏览器、Go 桌面、海豚浏览器等应用在国际市场取得了不错的成绩。这些应用面向美国市场开发了英文版本。根据 App Annie 的数据，Go 桌面（Go Launcher）在 2014 年 6 月 27 日到 7 月 27 日的 Google Play 市场的个性化和动态壁纸应用类别中排名前 5，在小部件应用类别中排在前 60 名；海豚浏览器（Dolphin Browser）在 6 月 27 日到 7 月 27 日效率类别应用中排在前 200 名，UC 浏览器（UC Browser）在同时段同类别排名也基本保持在前 200 名左右；微信（WeChat）在 6 月 27 日到 7 月 27 日的 IOS 通信类应用中排名前 30。

除了上述英文版本的应用，也有不少中文应用登上美国 IOS 市场的榜单。比如，就 App Annie 2014 年 7 月 27 日 IOS 市场应用排行而言，上榜的应用在效率方面有百度云、金山词霸等，工具方面有百度等，财务方面有支付宝、手机钱包，新闻方面有腾讯新闻、知乎日报、澎湃新闻、网易新闻、新浪新闻等，免费图书方面有喜马拉雅、豆瓣一刻、每日头条、

---

① 陆静雨：《走出国门的移动应用》，《中国移动互联网发展报告》(2014)，社会科学文献出版社，2014 年。

豆瓣阅读以及豆瓣读书等，音乐方面有 QQ 音乐、多米音乐、音悦电台等，娱乐方面有腾讯视频等，导航方面有百度地图，这些中文应用在美国的 IOS 市场取得了一定的成绩。

需要注意的是，若干中文视频类应用 2014 年也已经在美国应用市场推出，比如腾讯视频、搜狐视频、乐视视频、爱奇艺视频、PPTV 等。当年，腾讯视频在 6 月 30 日到 7 月 29 日美国 IOS 娱乐类别应用中排名保持在前 500 名左右，搜狐视频同期排 1500 名内，乐视视频排 1200 名内，而 PPTV 则排 1000 名左右。这些视频应用在运营中比较重视海外用户，以 PPTV 为例，它面向国际市场的亚洲电视网（ATN）就是与微软公司合作，利用 Windows Azure 云平台拓展海外市场。

比起现在直播、点播、自制、用户生成内容等功能多样的视频类应用而言，传统华文电视类应用的优势到底在哪里？当本土的华文电视频道以及具有互联网基因的网络视频软件或者网站都在积极试水这个新的战场时，恰恰说明了这对于对外传播机构而言是一个机会。然而不管是面对已有华文媒体的试水，还是视频类应用的进军，国际频道有其自身的传统和优势。可以说，传统电视媒体类应用的特点反而就在于不求全，因而可以专心地建设自己的内容和品牌。

移动互联网蓬勃发展，主要的几家电视台也在试水移动互联网，国内的一些中文视频网站或者软件甚至已经捷足先登，朝国际移动互联网市场进军，态势积极。但是，国际频道的移动互联网实践需要注意几个方面。其一，从整体海外华文传播的概念出发推出一个面向海外华文收视市场的具有品牌效应的应用并不简单，需要进行详细而周全的计划。这个计划不仅需要考虑收视人群、收视特点的变化，也要考虑新媒介技术的互动、转播、扩散等特点。其二，应用上线需要运营团队精心运营以持续提升影响力。比如，在运营过程中保持内容的吸引力，以及界面设计需要充分考虑用户的体验等。此外，建立有效的调研和反馈体系也是运营团队需要考虑的问题。

第四节　布局移动互联网：展望

对外传播实践作为国际形象塑造和软实力建设的主要手段，已为众多学者讨论。我们向海外华人讲述故事与自身发展，其中不仅有国家的主张，对于海外游子而言，也有来自家乡的故事与变迁。对外华文传播有其自身的意义和魅力，而传播技术的发展也让我们有了不同的平台展示我们的故事。本文的大部分讨论只是基于美国的移动互联网市场进行举例，事实上，华人散布在全球各个国家和地区，我们需要关注天涯各处的华人。

此外，本文是基于央视中文国际频道进行的思考，事实上，省级电视媒体对外电视频道也可以考虑进行移动互联网终端的探索。这些省级对外电视频道包括黄河电视台 SCOLA

频道、浙江国际、湖南国际频道以及南方卫星频道等。又或许，正如长城平台作为中视国际传媒有限公司运营的海外播出平台，集成了来自中国内地、香港和境外的中文电视频道，国际频道也可以从营造整体规模效应的角度，开发一个集成的面向海外观众的移动互联网平台。

前文已经提及，移动互联网终端只是渠道，对于媒体而言，内容吸引力在很大程度上决定其影响力，因而讨论渠道时，我们不能顾此失彼。

第六章　融合媒体背景下的广电媒体国际传播：
现状、问题与对策

章节提要： 近年来，媒介技术变迁剧烈。本章以2021—2022年度为切片，试图观察新技术环境下中国广播电视媒体的发展态势。国际形势复杂多元，全球政治博弈和商业竞争进一步加剧，中国广电媒体肩负着更重要的国际传播使命。随着媒体融合进入深水区，中央广播电视总台、地方电视台在发展方面各有千秋，主要表现为：广电媒体开始加入元宇宙赛道；海外平台布局愈加成熟，节目"出海"加深加快；地方台对外传播实力增强，中国故事呈现更全面立体；技术打破文化隔阂，网红拉近互动距离。但是，疫情之下国际合作受挫、中国文化品牌影响有限、评估指标单一、全媒体人才匮乏等问题也不容忽视。中国广播电视媒体应在技术、效果、品牌、人才等方面继续着力。

2021—2022 年是特别的一段时期，不仅有北京冬奥会、中国扶贫成就等令国人振奋的事件，也有俄乌冲突、安倍遇刺等黑天鹅事件。随着中国走向世界舞台的中央，全球政治博弈和商业竞争进一步加剧，中国迫切需要在国际上争取平等的话语权。

国际传播能力的提升要求多元主体的战略协同。其中，广播电视凭借其内容制作的专业性、信息产品的丰富性（覆盖新闻、纪录片、娱乐节目、文化节目、品牌活动等）、传播活动的组织性，而成为国际传播的重要组成部分，承担着联系中外、沟通世界的使命，特别是对引导国际舆论、输出中国故事、传播中国文化具有重要意义。

早在 2009 年，中国就已经意识到主流对外传播媒体数字化转型对国际传播的重要意义。2009 年中央下发《关于印发〈2009—2020 年我国重点媒体国际传播力建设总体规划〉的通知》，明确提出推动我国重点媒体国际传播能力建设。2010 年之后，移动互联技术加速向社会全面渗透，用户和广告的数字化迁移使得传统媒体面临着受众和广告的双重流失，但同时，新技术也为国际传播赋能新的内容形式、表达方式、工作方式。

近年来，以中央广播电视总台 CGTN 为代表的中央对外传播媒体、以芒果 TV 和广西电视台为代表的地方电视台，在媒体融合方面取得了一定的成果。特别是 2021 年以来，中国广电媒体在媒体融合的深水区继续前进，依托本土化策略、技术融合创新、产品形式创新、区域协同对外传播，在国际上开拓了新局面。中央广播电视总台 CGTN 阿语频道制作播出的《云上稻香村》《我的前半生》在第 21 届阿拉伯广播电视节上斩获纪录片一等奖和电视剧一等奖。CGTN 还联合中俄两国科技公司共同设计制作了首个完整虚拟人物娜娜（Alena），迅速引发全网关注。① 除了新闻信息，芒果 TV "造船出海"，在其国际版 App 上线自制大剧《江山如此多娇》，海外累计播放量 5.3 亿次。② 2022 年，由云南广播电视台联合多家云南地方媒体共同制作的纪录片《滇越铁路·生命的故事》向全世界展现了云南百年来的沧桑变化。③ 南洋桥与广西电视台共同制作了节目 "Tales of Gen Z：Story Sharing & Concert"，让来自东南亚和中国 7 个国家的年轻人齐聚一堂，讲述跨文化故事。④

---

① 《CGTN 接连斩获多项国际大奖，中央广播电视总台国际传播影响力显著增强》，https://1118.cctv.com/2021/11/01/ARTIygFMoBpnh93knYkoxKh1211101.shtml。

② 《努力塑造可信、可爱、可敬的中国形象——做好新时代国际传播的芒果实践》，https://mp.weixin.qq.com/s?__biz=MzA5NzEwODg4MQ==&mid=2651330769&idx=1&sn=a27f9b78a4de068049b24ba029fbc1ae&chksm=8b596e2fbc2ee73999b2705d5b2aca71898aa1998a6b4efbc18d2e6c3120441b67b430c98d79&scene=27。

③ 《中国故事，国际传播——〈滇越铁路·生命的故事〉让云南故事传遍世界》，https://mp.weixin.qq.com/s/wx7w5KFM2HY4JojrDKmxkg。

④ 《Z 世代：故事分享及音乐会与广西卫视中国联播》，https://mp.weixin.qq.com/s/3MjO4AdyPqGWKiQo8ywx9A。

但是，广播电视的国际传播也面临诸多问题，例如，疫情之下广电媒体国际合作受挫、国际传播平台开拓能力较弱、国际传播能力不足等。一些电视台没有 YouTube 账号，还有一些地方台尽管有账号，但粉丝数量仍不乐观，这与人才、产品策略等不足有关。笔者拟梳理归纳 2021—2022 年中国广播电视媒体在国际传播方面的技术特点、内容创新，并洞察其不足，为广播电视在国际传播方面发挥更大作用提出更多有效建议。

第一节　广电媒体融合发展的现状探索

一、技术赋能内容生产，元宇宙开启新赛道

如果说在 2020 年，5G、物联网、超高清、人工智能、VR/AR 等新一代信息技术和应用被视为变革舆论生态、媒体格局、传播方式的多种力量，那么 2021 年以来，元宇宙正成为这些新技术的集中呈现，并寄托着人们对智慧未来与全息视觉世界的新期待。2021 年 10 月 28 日，Facebook 正式官宣改名为 Meta，轰动全球。Meta 是元宇宙 metaverse 的缩写，展现了 Facebook 将旗下产品打造成"元宇宙平台"的野心。2021 年是元宇宙元年，此后元宇宙成为商业热词，多家公司开始进军"元宇宙"行业。例如，2022 年 1 月微软宣布以

687 亿美元收购游戏公司动视暴雪，开始进军元宇宙；谷歌
2022 年 I/O 大会上发布沉浸式 3D 地图，为元宇宙奠定技术
基础；字节跳动重金收购 VR 硬件制造商 Pico 和内容制造商
波粒子，完成了在元宇宙领域从硬件设备到内容生态的基本
布局。元宇宙的到来将颠覆传统视听的内容生产、视觉呈现、
用户感知，给传统广电的视频内容生产及用户留存带来新的
冲击，同时，元宇宙广泛的应用场景也给国际传播带来新机
遇。如图 6 - 1 所示，在腾讯新闻和复旦大学共同推出的《元
宇宙报告（2021—2022）》[①] 中，国际传播是元宇宙重要的应
用场景之一。

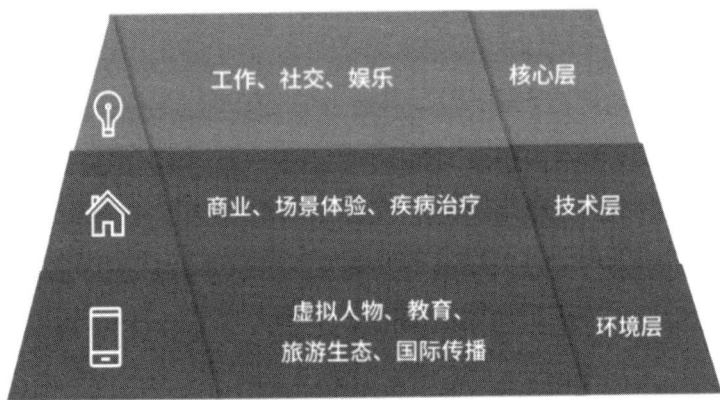

图 6 - 1　元宇宙应用场景

①　《复旦大学联合发布〈元宇宙报告（2021—2022）〉》，https://www.
thepaper. cn/newsDetail_ forward_ 16438076。

在国际传播领域，元宇宙成为未来媒介新构想，也给对外传播的产品形态和全球文化互动带来新的想象空间。一方面，新技术支持下的中国文化产品所具有的立体化沉浸式体验，将有利于打破文化交流的语言障碍。中华文化博大精深，将其转置于虚拟空间中，以场景代替语言传递文化价值，以文化体验代替言传身教涵养文化认同，将有利于进一步增强文化吸引力和感召力。另一方面，打破物理和边界隔阂的元宇宙可能是"命运共同体"的新实践场。支撑建构元宇宙的区块链、人工智能（AI）、交互传感等技术有可能解决长期制约国际传播有效性的三大障碍——体验缺失、身份模糊与语言不通。[①] 元宇宙所预示的"平行空间"将重构全新的国际传播环境，人们可以在数字空间中来回穿梭，即时交流。

在元宇宙浪潮中，广电行业同样迎来新机遇。第一，正如微软 CEO 萨蒂亚·纳德拉所言："当我们考虑我们对元宇宙的愿景时，我们相信不会有一个单一的、集中的元宇宙。"这意味着元宇宙将是一个全新的赛道，是一个全员探索的非充分竞争空间，不只是科技公司，广电也可能依托技术和内容优势打造新的数字空间。第二，广电行业相对于科技公司具有更为成熟的故事生产流程、更专业的演播拍摄设备、更

---

① 胡正荣、蒋东旭：《元宇宙国际传播：虚实融合空间中的交往行动》，《对外传播》2022 年第 4 期，第 4—7 页。

专业的传媒团队，等等，这些为广播电视的转型升级带来先发优势。例如，CGTN融媒体互动报道团队利用无人机、VR全景相机等设备制作节目，推出《天山路书》，从交互体验、3D环绕立体等方面，为国际友人展现大美新疆。第三，元宇宙为广电重塑影响力带来新可能。依托元宇宙架构起的三维信息世界有望帮助传统媒体获得新时代的话语权。例如，湖南广电重磅推出元宇宙平台"芒果幻城"，针对"社恐"的Z世代用户，开发游戏娱乐、随机配对等社交功能，同时依托芒果TV丰富的娱乐资源，试图打造沉浸式虚拟内容与明星艺人梦幻联动的新平台。第四，元宇宙也同样为广电内容生产突破表达桎梏带来新创意。例如，CGTN已经开始在内容生产方面拥抱元宇宙技术。2022年6月20日，CGTN与清博智能旗下元宇宙平台"无尽之塔"合作推出辩论节目《Z世代非正式辩论会》。这是CGTN推出的首档元宇宙轻综艺辩论节目，来自不同国家和地区的六位辩手化身虚拟人形象，在元宇宙中激扬辩论。CGTN的创意视频《当天鹅湖遇上北京冬奥》还融入"元宇宙"概念，并借助人工智能、虚拟现实、CG动画等技术手段，使冬奥元素的呈现更具未来感，向世界传递科技冬奥和开放共享的理念。

基于以上分析，元宇宙不仅是一个突破地理空间限制的全球互动平台，也将为广电对外传播提供新的内容想象力和传播新机遇。

二、平台布局愈加成熟，节目"出海"加深加快

近年来，我国的电视剧出口成绩颇佳。通过海外视频网站和中国的对外文化平台（例如中国电视长城平台），我国的电视剧在非洲、亚洲进一步打开了影响力。在 2020、2021 年度国家广播电视总局评审的优秀海外传播作品中，《山海情》《大江大河 2》《理想之城》《我在他乡挺好的》《在一起》《三十而已》《以家人之名》在 YouTube 上也获得不小的关注。①

互联网技术的发展促进了平台经济的勃兴。"平台"本身不直接从事内容生产，而是运用数字化技术，为供需相关主体提供连接、交互、匹配与价值创造等服务。与这一新的经济形态相对应，国际传播正呈现出平台化的新特点。有鉴于此，主流媒体应从"多平台、多分发、多价值"的传播理念出发，围绕主流媒体优势，打造智慧信息基础设施，夯实自主可控的自有平台，提升中国形象和话语权，依靠全息传播来建构传播大国的身份。②

2021 年以来，中国主流媒体在"借船出海"和"造船出海"方面都有进展，平台正助力中国广电节目"走出去"加

---

① 《优秀现实题材剧扬帆"出海"》，https://baijiahao. baidu. com/s? id = 1733243178626245003&wfr = spider&for = pc。

② 胡正荣、李涵舒：《图景·逻辑·路径：2021 年的中国对外传播新变局》，《对外传播》2021 年第 12 期，第 4－7 页。

深加快。

第一，海外平台矩阵布局成熟化。CGTN 等在 YouTube、Twitter、Facebook、Instagram 等全球社交媒体平台布局媒体账号，并根据不同平台特性分发不同的信息内容。但相比于海外主流媒体，国内媒体海外布局较晚，有较大待开发空间。

第二，利用国际平台整合营销效果突出。2022 年北京冬奥会为广播电视提供了施展拳脚的机会。通过在各大社交平台发布纪录片与短视频融合产品《冰雪缘梦》，以及利用 TikTok 和抖音海内外社交平台发起"玩转冰雪"系列挑战赛，CGTN 在各大社交平台掀起冬奥热潮。[①]

第三，中国"造船出海"颇见成效。TikTok 以平台优势在国际范围内构建起一套平台生态系统，获得了对内容传播的掌控权[②]，这让广电媒体看到了新的蓝图。中国媒体开始从依赖海外平台对外传播转向自我打造平台。芒果 TV 除了自制节目，还通过自主平台实现精品内容的海外传播。[③] 2022 年以来，芒果 TV 国际传播亮点突出。湖南卫视以芒果 TV 国际版 App 为主阵地，并在 Facebook、Instagram、Twitter 等海外主流媒体平台开发官方账号，构建了多元化的海外全

---

① 《CGTN 冬奥报道：一场"思想 + 艺术 + 技术"的自主叙事》，https://new. qq. com/omn/20220221/20220221A0AKYV00. html。

② 张龙、曹晔阳：《数据主权、数字基础设施与元宇宙：平台化视域下的国际传播》，《社会科学战线》2022 年第 6 期，第 166 - 175 页。

③ 《芒果 TV：自制内容和自主平台双轮驱动国际传播》，https://mp. weixin. qq. com/s/hT8t7qM0ouTauWDncc_ GdA。

媒体矩阵，以发布信息，并实现跨平台引流。此外，芒果 TV 国际版 App 与华为海外、非洲手机之王传音公司等达成战略合作，在海外华人中建立了强大的品牌影响力。截至 2021 年 6 月，芒果 TV 国际版 App 生产储备了超过 10 万小时外语字幕库、18 个字幕语种，总用户超过 3800 万，覆盖全球超过 195 个国家和地区，成为中国文化"走出去"的重要网络平台。①

平台不仅作为一种技术和商业整体嵌入社会，更作为一种生态重构社会，为全球化的信息交往方式开发、传播秩序建设与文化身份想象设定了全新的语境。② 中国广播电视主流媒体需要进一步加强平台布局，开发好、利用好平台，多管齐下，进一步讲好中国故事。

三、地方媒体对外传播实力增强，中国故事更全面立体

呈现真实、立体、全面的中国，离不开构建以国际传播为目标、层次分明且通融合作的战略传播体系。在媒体深度融合的背景和机遇下，特别要利用中央、省、市、县四级广播电视结构，充分挖掘区域国际传播价值，为更多主体提供充分的国际传播舞台。

第一，各级融媒体的国际传播意识逐步提升。许多地方

---

① 《探索国际传播"芒果模式"，芒果 TV 讲好中国故事》，https://www.sohu.com/a/470421483_817267。

② 李鲤：《赋权·赋能·赋意：平台化社会时代国际传播的三重进路》，《现代传播（中国传媒大学学报）》2021 年第 10 期，第 60－64 页。

媒体开始形成国际传播思维。2022 年 6 月 30 日，海南省首个县级国际传播中心——海南自贸港（文昌）国际传播中心在文昌市融媒体中心大楼揭牌成立，文昌海外社交媒体平台账号"Space Town Wenchang"（航天之城文昌）同步上线运营。浙江广播电视集团海外中心（国际频道）推出以"诗画江南 活力浙江"为主题的文明探源国际传播系列纪录片，如《良渚》《文化金名片》等，积极打造具有浙江辨识度的标志性国际传播成果和具有全球影响力的数字化国际传播融媒体平台。① 海峡电视台精选福建省内优秀纪录片，以在地语言译制，在菲律宾国家电视台 IBC13 频道、阿联酋中阿卫视、英国普罗派乐卫视等"海上丝绸之路"沿线国家主流媒体开设大型人文纪实类通栏节目《视听福建》，全方位介绍福建文化和旅游资源。② 广东广播电视台把原台总编室的外宣功能划给对外传播中心，由对外传播中心统筹广播新闻中心、电视新闻中心、网络台、南方卫视、南粤之声、香港办事处等各方力量，打破过去各频道各自为战的局面；并且还成立中葡（粤港澳大湾区）影视节目译制中心，面向地处欧洲、亚洲、非洲和拉美的葡语系九国的两亿观众讲述粤港澳

---

① 《"诗画江南 活力浙江"浙江省国际传播大型融媒系列活动启动仪式在宁波举行》，https://gdj. zj. gov. cn/art/2022/7/25/art_ 1229286895_ 58458543. html。

② 《福建省广播影视集团社会责任报告（2020 年度）》，http://jx. fjsen. com/2021 - 06/28/content_ 30769795. htm。

故事。[①]

　　第二，各区域广电平台积极在海外开拓传播渠道，中国故事"走出去"更全面更深入。各地方台纷纷将内容推送至海外平台，部分卫视在 YouTube 上获得不小的关注量（见图6-2）。例如，海南日报报业集团与海南广播电视总台深度融合成立的海南国际传播中心，不仅自主建立了英文网站，同时布局了海外 YouTube、Facebook、Twitter 等多个社交媒体矩阵。除总台春晚外，不少卫视春晚如"2022年湖南卫视全球华侨华人春晚""河南卫视2022年春晚"等也在海外社交媒体平台 YouTube 上播出。[②] 除了社交媒体矩阵，不少电视台还直接和海外电视台合作。2022年2月7日，《视听中国·陕西时间》举办线上开播仪式。这档节目在国家广电总局、陕西省委宣传部指导下，由陕西省广播电视局、陕西广电融媒体集团与阿联酋中阿卫视联合推出，通过中阿卫视及旗下 Facebook、YouTube、TikTok、HMS 官方账号和官网等多媒体渠道传播，覆盖22个阿拉伯国家。[③]

---

　　① 《广东广播电视台党委书记、台长蔡伏青：立足粤港澳大湾区，构筑对外传播新格局》，https://mp.weixin.qq.com/s/p_ EZ7lpcWbuSsqFMjBzPzg。

　　② 《大航海时代，视听节目拉开国际传播2.0序幕》，http://jsgd.jiangsu.gov.cn/art/2022/7/25/art_ 69985_ 10552592.html。

　　③ 《大航海时代，视听节目拉开国际传播2.0序幕》，http://jsgd.jiangsu.gov.cn/art/2022/7/25/art_ 69985_ 10552592.html。

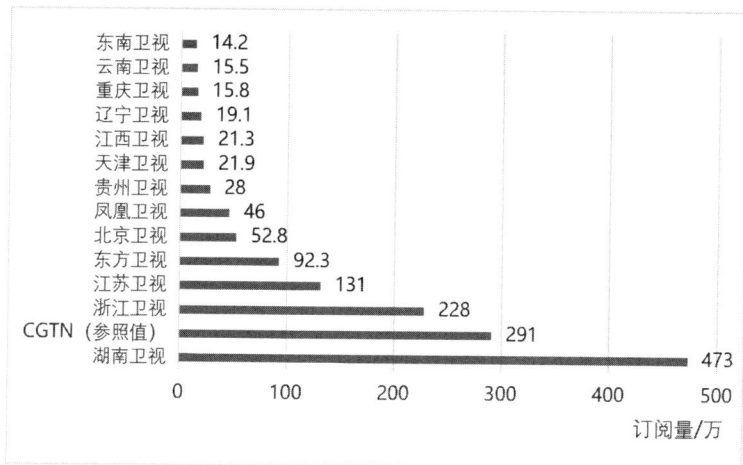

图6－2　部分地方卫视 YouTube 账号订阅量①

　　第三，通过多级合作，多渠道打造国际传播具有影响力的事件。地方台在提升国际传播效能的过程中，离不开与中央台的合作。2021年5月开始，云南野生亚洲象冲出西双版纳，迅速成为全球舆论场的"新宠"，它们的长途"旅行"经过融媒体平台传播分享后瞬间爆红。红塔区融媒体中心利用无人机及时追踪云南大象的信息②，CGTN 同时跟进短视频、文章、直播等多样化的报道，为云南大象带来更大的流量。为了帮助地方文化传播，2022年，中央广播电视总台国际在线还上线了甘肃频道，该频道以"向世界报道甘肃　让

---

① 数据来源为 YouTube，统计时间为2022年8月28日，统计对象为订阅量超过10万的地方卫视。

② 常凌翀：《深融背景下县级融媒体国际传播能力建设的创新路径》，《新闻论坛》2021年第6期，第4页。

世界爱上甘肃"为理念，围绕甘肃省委、省政府工作大局，聚力讲好甘肃故事，成为甘肃省国际传播的重要窗口。①

四、技术打破文化隔阂，网红拉近互动距离

文化隔阂是从"走出去"到"走进去"的一大阻碍。打破文化隔阂与偏见，需要技术纠偏，也需要人的情感牵线。随着智能技术的演进，广电系统的生产从原来由人操作机器，逐渐转变为人协同技术完成生产分发流程，社交机器人、机器写作、机器翻译、AI 主播等技术被广泛应用。可以说，技术之间的对抗已成为国际传播舆论战中的新特征。②

2021 年以来，新技术对国际传播的影响主要体现在以下几个方面。

第一，翻译技术智能化为广电节目"走出去"提供新动力，平台强大的同步翻译和同传服务打破文化语言桎梏，为节目的意义传达创造机遇。例如，优酷为《这！就是街舞》同步上线英语、西班牙语、阿拉伯语、泰语等 11 个语种的字幕；爱奇艺的应用中也设置了 11 种语言模式。除了字幕，表情包、贴纸等功能进一步加强了用户的情感连接。在海外社交媒体上，多国观众参与讨论，对《这！就是街舞》表达喜

---

① 《甘肃国际传播新添重要平台　国际在线甘肃频道上线试运行》，http://news. cri. cn/n/20220223/d2b27904 - ba66 - 12ef - dc37 - 552fca085e4b. html。

② 张洪忠、任吴炯、斗维红：《人工智能技术视角下的国际传播新特征分析》，《江西师范大学学报（哲学社会科学版）》2022 年第 2 期，第 111 - 118 页。

爱之情，也给予选手们鼓励与支持。① 快捷的翻译技术和超越语言的表情包、专属色应援等创意方式让不同国家、不同语言的观众在弹幕区进行文化交流互动，构建情感社区。

第二，互动技术有助于媒体与用户互动，进一步塑造广电的品牌形象。在 H5 新闻《解读中国丨AI 小墨都知道》中，CGTN 让自创熊猫 IP 小墨以两会"观察员"的角色登场②，使用人工智能文本发声驱动真人面部形象的技术，该虚拟主播可以与用户互动，让用户通过问答形式感知两会消息，同时也让节目品牌更可爱亲切。

第三，智能技术让数据新闻更加可视化、互动化、系统化。例如，在俄乌冲突相关报道中，CGTN 以数字展馆、数据动效与交互地图等多种形式展现俄乌冲突背后复杂的历史原因。

与此同时，网红也成为广播电视台向外输出信息的重要渠道。相比虚拟人物，真人 KOL 更真实立体，能迅速拉近与观众的距离，建立信任。例如，2022 年 7 月 23 日，"万人说新疆"系列网络主题活动启动仪式在乌鲁木齐举行。新疆电视台让海米提作为主持人，创办《海米提正能量》栏目，以

① 《大航海时代，视听节目拉开国际传播 2.0 序幕》，https://mp.weixin.qq.com/s/bhZiZPdRUyRJD2XoXhyC5w。

② 《一文看懂 CGTN 新媒体如何实现创新矩阵升级，锤炼两会融媒精品》，https://mp.weixin.qq.com/s/mnw_ mPCeCO9F6d15o4NeYw。

短视频方式向网友介绍新疆。① 不仅如此，2022 年 7 月 25 日，中央广播电视总台国际在线联合内蒙古、湖北、河南、江苏、黑龙江、浙江、山西、安徽、山东等地网信办共同举办 2022 "打卡中国·最美地标" 网络国际传播活动，邀请了许多国际网红来到中国，走遍中国山川，讲述中国故事。②

中华文化博大精深，渴望与世界多元文化交流互鉴、相知相融。广电行业借助先进技术赋能，以及建立人与人之间的互动，让文化交流更加丰富多彩，让国际社会对中国文化、中国价值、中国信息的感知更加深入。

第二节　融合时代广电国际传播存在的问题

尽管中国视听节目对外传播在技术创新、区域协同、平台输出、文化交流等方面取得了长足的进步，但是我们也应该看到其中的不足与挑战。国家广播电视总局国际合作司司长闫成胜在 2022 年 6 月 7 日下午举行的白玉兰电视论坛中提道："我们清醒地认识到，随着中国日益走近世界舞台中央，中国面临的外部环境更加复杂，国际传播'有理说不出、说

---

① 《直击现场！"万人说新疆"系列网络主题活动启动仪式》，https://mp.weixin.qq.com/s/0MMasW8JP1DPL8sJ - UMkBg。

② 《2022 "打卡中国·最美地标——你好，山西！"网络国际传播活动在运城正式启动》，http://news.nxtv.com.cn/china/2022 - 08 - 17/685194.html。

了传不开'的困境尚未改变，内容创新、方法创新、政策理念创新、体制机制创新的任务还很繁重。"①

一、疫情给广电行业带来挑战，国际合作受挫

2020 年以来，受新冠疫情影响，电视节目的生产遭遇阻碍，影视行业迎来挑战。新冠疫情不仅影响电视节目的数量和质量，同时影响国际电视合作。电视台的跨国合作以及节目输出不仅需要人员流动，也需要双边政策的支持。如何拓展海外渠道、创新合作模式，成为电视台、影视公司、互联网平台共同面临的问题。②

二、文化品牌影响有限，中国潮流尚未形成

相比于日本的 J-cool、任天堂游戏文化和韩国的 K-pop、韩剧潮流，以及美国的好莱坞电影、游戏、街头文化，等等，中国尚未形成具有世界影响力的潮流文化。中国的影视行业内容输出丰富，且打造了如腾讯视频、芒果 TV、优酷、爱奇艺等平台，但目前还未产出像"韩流"一样拥有大量优质口碑、能带动商业发展、形成全球粉丝文化的全球性现象级产品，我国亟须创造出具有区域性和全球性影响力的产品，并

① 《国际电视合作论坛：新时代国际传播的新平台、新机遇》，https://mp. weixin. qq. com/s/BxgFgnxCEstmaiPvPK4zQA。

② 《国际电视合作论坛：新时代国际传播的新平台、新机遇》，https://mp. weixin. qq. com/s/QNWOtAbYCR8RQqQe_ dfrOA。

且形成良好的生产循环。例如，李子柒在海外形成一定影响力之后，许多中国短视频博主相继复制其模式，在海外走红。但除了短视频，中国广电还应积极开发其他文化产品。

三、前期调研缺乏，效果评估指标单一

电视节目的拍摄制作和分发都需要更专业化、本土化、国际化的调研，充分考虑目标用户的喜好。例如江苏卫视针对王牌节目《非诚勿扰》的海外发行，组织团队进行了非常认真的海外市场调研和分析：澳大利亚本身是拥有多元文化背景的国家，对于东方文化有一定的接受度；澳大利亚本土受众非常喜欢看情感类节目。基于调研结果，发行团队将澳大利亚主流电视媒体作为海外发行重点突破口，邀请了非常专业且熟悉中澳两种文化的翻译团队。截至 2021 年 6 月，《非诚勿扰》成为在澳大利亚连续播放时间最长的中国电视节目。[①]

但是，与好莱坞以全球发行为目标的生产流程不同，当下我国很多节目以国内用户为主要受众，经过翻译之后复制到海外，还未大量形成针对全球用户进行调研、制作、发行的专业化生产流程。除此之外，节目的效果评估主要集中在播放量、转发量、评论量上，对于用户心理、态度方面的反

[①]　《国际电视合作论坛：新时代国际传播的新平台、新机遇》，https://mp.weixin. qq. com/s/QNWOtAbYCR8RQqQe_ dfrOA。

馈还较少。

四、全媒体人才匮乏，全媒体人才培养不足

事业发展，关键在人。针对国际传播人才培养，教育部、中宣部发布《关于提高高校新闻传播人才培养能力　实施卓越新闻传播人才教育培养计划2.0的意见》，提出"要培养造就一大批具有家国情怀、国际视野的高素质全媒化复合型专家型新闻传播后备人才"。"媒体融合向纵深发展，最缺乏的资源就是全媒体人才，但是目前全媒体人才供给匮乏，根本没有全媒体人才红利。"① 广播电视行业要想在国际传播领域实现重大突破，需要大量具有全球化视野、跨文化素养、全媒体能力、新媒体技能的人才，而这些目标的达成急需跨学科人才的培养以及培养内容的改变。

第三节　媒体融合背景下
广电提升国际传播能力的展望

一、抓住技术红利，谋划新产业布局

元宇宙作为一种新兴的传播技术想象已日趋临近，将深

---

① 《胡正荣专栏｜媒体深度融合　全媒体人才如何培养?》，https://www.thepaper.cn/newsDetail_ forward_ 9024850。

刻影响未来的国际传播方式。① 元宇宙将突破现有的视频化视听传播的限制，带来视觉、听觉、触觉、嗅觉的全感官体验，重塑国际传播的新语境。这一过程中伴随着全新媒介规则的制定、话语掌控权的重置。当下，在新兴市场，广播电视行业应积极突破传统的互联网依附思维，抓住元宇宙技术红利，不仅将元宇宙要素融入内容生产，还应从产业发展与投资的角度重新谋篇布局。

二、加强国际合作，跨越文化障碍

疫情防控期间，国际形势风云莫测，同时也为行业带来发展机遇。居家隔离和居家办公，促进了全球"宅经济"的发展。全球用户大量向互联网迁移，使得影视剧、短视频、电商、社交媒体、游戏等娱乐需求大增。据 Visual Capitalist 调查，美国和英国超过 80% 的消费者表示，自疫情暴发以来，他们消费了更多的线上内容，广播电视和在线视频（YouTube、TikTok）是所有世代和性别被调查者使用的主要媒介。② 因此，广电行业还应积极突破跨境压力，加强国际合作，拓展海外节目发行渠道，让产品触达更多用户。为了破除跨文化障碍，一方面，广电行业可以和海外影视出版公

---

① 李彪、曹时雨：《从秩序到策略：元宇宙与国际传播的未来演进》，《对外传播》2022 年第 4 期，第 19－22、44 页。

② "How COVID－19 Has Impacted Media Consumption, by Generation", https://www.visualcapitalist.com/media－consumption－covid－19/。

司、编剧、MCN 开展合作，合拍节目等，从而拓展传播渠道。例如海南国际传播中心与韩国有线电视济州放送签署"一城一媒"国际友城媒体合作协议，借助国际友城这个庞大的"朋友圈"讲好海南自贸港故事。[①] 为了促进优质节目海外落地播出，湖北省广播电视局通过"云上湖北传媒周"与法国、德国、英国、西班牙、比利时等开展 15 场云上国际合作沟通洽谈会，成功签署 12 项合作协议，实现 19 部国产影视节目在欧洲多国电视台落地播出。[②] 另一方面，电视台可以多开展实地调研，深入了解本土化和全球化需求，主动创造具有海外适应力的产品。

三、完善效果评估，促进报告共享

新闻、综艺、影视节目的市场反应程度大多数可以通过播放量、收视率、转发量、评论量、票房等数据统计得出。但是，数据虽可以呈现话题热度，却无法全面体现受众的喜好和价值观，特别是无法准确回答节目对国家形象建设是否有正向作用等问题。对用户的广泛调研和深入洞察，对用户视频体验感知数据的精细化，能够帮助节目改善不足，精益求精。这需要完善效果评估指标，建立起量化和质性相结合

---

① 《报台融合国传先行，海南国际传播中心即将全新启航》，https://mp.weixin.qq.com/s/jjq1cx507TWdq_ PoR－I7BQ。
② 《"云上湖北传媒周"促进优质节目海外落地播出》，http://www.nrta.gov.cn/art/2022/6/20/art_ 114_ 60720.html。

的研究路径，产出详细的可视化对外传播评估报告。同时，在广电机构广泛合作的基础上，促进评估报告公开共享，让研究成果及时转化为改良生产的动力。

四、打造爆款内容，强化品牌宣传

纵观韩国、日本的文化产业，我们会发现某一国的文化潮流总以爆款作品为基点，例如韩国电视剧《来自星星的你》、日本动漫《名侦探柯南》、美国电影《泰坦尼克号》等。想要打造具有世界影响力的中国文化品牌，单靠"造船出海"，翻译并输出大量节目还远远不够。因此，各级广播电视台还应在融媒体的基础上，审视全球化市场和全球受众，以创新精神积极打造爆款内容，全渠道宣传品牌，在优质内容的基础上形成文化品牌影响力。例如河南卫视偏向内容表达和形式创新，兼顾国内受众的同时，也考虑海外传播影响力。其文化 IP 被马来西亚、俄罗斯等驻外大使参赞在社交平台上积极转发，甚至在海外春节特别活动中，《唐宫夜宴》登上了英国爱丁堡的大城堡大屏。[①]

五、促进产学研联合，应需培养人才

一方面，互联网产业的发展吸引了大量的传媒人才，传

---

① 《华教会客丨河南卫视"文化 IP 产业"何以火爆出圈》，https://mp.weixin.qq.com/s/rZ7Pyi7HMduZ04hdMFaK1Q。

统媒体面临着人才缺位的尴尬处境；另一方面，广电机构在国际传播方面对人才有着更高的要求。这些人才既要能洞察当下技术的发展创新，形成互联网思维，也要具备跨文化素养和全球化思维，同时需要在品牌传播、媒体运营方面有一定经验。广电行业应将自身的人才需求积极反馈给教育行业，促进产学研联合发力，只有"从学科、专业、培养模式、师资结构四个层面，进行教育教学改革探索"[1]，才能培养出符合当下国际传播要求的人才。

---

① 《胡正荣专栏丨媒体深度融合 全媒体人才如何培养？》，https://www.thepaper. cn/newsDetail_ forward_ 9024850。

第七章　社交媒体对外传播新路径：
以李子柒走红 YouTube 为例

章节提要：2019 年，一位来自中国的视频博主李子柒在 YouTube 爆红，这是研究中国文化对外传播多元路径的极佳案例。结合社交媒体产业理论，本文认为，社交媒体以及中国网红文化的兴起为文化软实力建设提供了一种新的契机，笔者通过分析李子柒上传 YouTube 的内容以及相应的评论，探究李子柒借由全球性的网络社区所传达的特定类型中国文化。基于以上讨论，本章建议国际传播过程中应鼓励多元主体发力，而对外传播主体则需要寻找跨文化传播的"共情点"，从"强传播"转变为"强效果"，以达到文化互鉴、民心相通的目标。

李子柒，原名李佳佳，是一名来自四川省绵阳市的网络短视频创作者。2016 年，她开始拍摄美食类短视频，从而正式成为网络视频创作者。在初步获得成功后，2017 年，她正式组建团队，开始制作更多原创短视频。经过多年的努力，李子柒获得了巨大的成功，2019 年 8 月，获得微博颁发的"年度最具商业价值红人"奖；12 月 14 日，又荣获由《中国新闻周刊》颁发的"年度影响力人物"年度文化传播人物奖。李子柒在不计其数的视频创作者中脱颖而出，获得成功。她在田园乡野中采摘食材，使用传统厨具制作各种顺应时节的美食，展示了与众不同的生活方式，她的个人经历更为其视频增添了独特的色彩。

同中国其他众多成功的短视频创作者局限在国内发展不同的是，李子柒不仅让中国网友为之倾心，还获得海外网友的高度评价。2018 年，她在海外运营账号短短 3 个月后就获得了 YouTube 视频创作者银牌奖。截至 2019 年 12 月 25 日，李子柒在 YouTube 的粉丝已达到 778 万（影响力堪比 CNN）。李子柒在 YouTube 的爆红，成为社交媒体时代讨论跨文化传播议题的极佳案例。

有关李子柒走红海外社交媒体是否算是文化输出的讨论十分热烈，争辩双方各执一词。有人认为她的视频输出了中国文化；但也有人认为"输出"过于官方，既不适合民间传播者定位，也不应让其承担如此沉重的担子。但几乎所有人都赞同，不管是不是文化输出，她在客观上确实取得了巨大的传播效果。央媒也给予李子柒莫大肯定，《人民日报》客户端刊发文章表示："迫切需要发挥多种力量，实现多点开花、多路进发，也迫切需要更多打动人心的优质作品，让传统文化借助新兴传播手段焕发光彩、赢得世界掌声"；新华网刊发文章指出，"在这个精彩无限的文化传播与交流的时代，讲好中国故事，塑造中国形象，我们需要更多的'李子柒'，需要更多有品质、有温度的好故事，让更多的人读懂中国、爱上中国"；而央视热评是，"不得不说，李子柒是个奇迹，一颗平常心做出了国际文化传播的奇迹"。

因此，我们有必要认真分析李子柒在国外获得成功的原因，讨论其成功对于当前中国文化传播的启示和意义。本章试图从如下角度对这一问题展开探讨：首先，从平台和技术的角度讨论社交媒体的发展为中国文化传播提供的契机；其次，分析李子柒发布于 YouTube 的视频的内容、特点等，梳理李子柒所讲述的"中国故事"类型，以及为什么她能获得成功；最后，结合李子柒走红的案例，针对我国目前跨文化传播面临的问题和困境，提出相应意见和建议。

第一节　社交媒体的发展为中国文化传播
提供新的契机

近年来，中国政府对软实力的重视以及中国媒体"走出去"的实践已经成为国内外学术界的热议话题。作为一个源自西方的学术概念①，"软实力"已经进入中国政策话语，并且在文化政策实践上发挥作用，包括各类文化"走出去"和媒体"走出去"工程。中国政府自 2004 年开始，以设立"孔子学院"和"孔子课堂"的形式在全球推广中华语言和文化。与此同时，自 2010 年春节开始，文化和旅游部会同国家相关部委、各地文化团体和驻外机构在海外推出"欢乐春节"文化交流活动，目的是与"各国人民共度农历春节、共享中华文化、共建和谐世界"。

从国际传播的角度看，中国正在通过文化和媒体"走出去"的方式，确立自我、表达主张。在历史上，中国以不同的形象被西方社会所认知。② 或是"天朝大国"，或是"崛起的巨龙"，抑或是"自由世界的威胁者"。通过文化"走出去"和媒体"走出去"等一系列活动，中国正在积极整合各类资源，塑造一个与世界共荣共生的国家形象。

即便做出了种种努力，以孔子学院为代表的文化"走出去"项目也并非一帆风顺，甚至遭到相关势力的恶意诋毁。作为世界传媒格局中的后来者，我国对外宣传媒体媒介议程

---

① 约瑟夫·奈（Joseph S. Nye，Jr.）于 20 世纪 90 年代出版了《注定领导世界：美国权力性质的变迁》一书，提出了"软实力"（Soft Power）的概念。作为和硬实力相对的概念，"软实力"是指通过吸引，而不是威逼或者利诱的方式达到目标的能力。该概念被广泛应用于对外传播以及国家形象相关研究，为学者所重视。

② D. M. Jones, *The Image of China in Western Social and Political Thought*, Palgrave, 2001.

设置能力仍有待进一步提升。

在此语境下，随着全球社交媒体的发展，社交媒体给中国文化传播提供了一种新的契机。

一、社交媒体已经成为人们发布以及获取信息的新的基础设施

有学者将社交媒体催生的产业视作一类新的产业，即"社交媒体娱乐产业"（Social Media Entertainment，SME）。该新型产业基于全球性社交媒体平台（例如 YouTube，Facebook，SnapChat 和 Twitch 等）所提供的技术、网络以及商业可供性（affordances）基础，迅速实现专业化和商业化，来自世界各地的内容创作者则利用这些平台孵化自己的媒体品牌，进行内容创新，并构建庞大的跨国和跨文化的粉丝社区。[①] 所谓技术、网络以及商业可供性，首先是指这些平台提供播放器等设施，使得信息的传播和制作变得容易；其次，平台提供互联技术，能够快速将粉丝聚集起来；与此同时，这些平台提供了内容创作者的各种商业模式（会员模式、版权保护等），帮助内容创作者获得收益。社交媒体娱乐产业是在 Google 收购 YouTube（2006 年）之后不久开始出现的。[②] 在

---

① S. Cunningham & D. Craig, "Online Entertainment：A New Wave of Media Globalization?", *International Journal of Communication*，No. 10，2016，pp. 5409 - 5425.

② S. Cunningham & D. Craig, *Social Media Entertainment: The New Intersection of Hollywood and Silicon Valley*，New York University Press，2019.

这个新型空间，各类内容创作者聚集起来，正在发挥着越来越大的文化影响力。

二、不同类型的内容创作者正在积极投身内容创作

有学者统计，截至 2017 年，全球超过 300 万名 YouTube 创作者从上传的内容中获得了一定程度的报酬。[①] 与此同时，相较于传统媒体，社交媒体提供了更为多样化的表达空间。在这个新型平台上，传统娱乐行业中很少见的边缘（marginal）、另类（alternative）、亚文化（subcultural）和底层声音被人看到（听到）。[②] 这里面就包括来自黎巴嫩、沙特阿拉伯等国的音乐家、喜剧演员，也包括亚裔美国人。而来自中国的网络创作者也正在利用这些平台发表作品，以期获得国际影响力，涵盖相对专业的内容生产者（如包括 CGTN 这样的中国新闻机构）与各类创作者（如暴走漫画、办公室小野、李子柒等）。与此同时，也催生出一种新型业态，即多频道网络（MCN），一种类似经纪人的机构，在创作者和平台之间起到居间作用，在帮助内容创作者获利的同时，自身也从中获利。

---

① S. Cunningham & D. Craig, "Online Entertainment: A New Wave of Media Globalization?" *International Journal of Communication*, No. 10, 2016, pp. 5409 – 5425.

② S. Cunningham & D. Craig, "Online Entertainment: A New Wave of Media Globalization?" *International Journal of Communication*, No. 10, 2016, pp. 5409 – 5425.

三、中国迅速发展的平台提供了培养自媒体人的土壤

有学者指出，"国内传播就是国际传播。抖音上的视频内容绝大多数都是国内普通网民原创的，其中的很多类型和元素自然可以在国外流行或复制"①。2016 年起，随着快手、抖音等平台迅速发展，越来越多的自媒体加入短视频的制作，并在各个垂直领域发力，形成圈层文化。比如李子柒就吸引了大量的古风爱好者，在微博、抖音、b 站等各大平台拥有一大群拥趸。而智能手机、无人机、手持稳定器等新一代视频拍摄设备的技术迭代快，价格大幅下降，更是大大降低了视频拍摄的难度和成本。另外，移动互联网时代到来，人们的视听习惯有所改变，短视频适配用户碎片化时间，深嵌日常生活。根据《2019 中国网络视听发展研究报告》，截至 2018 年 12 月，我国网络视频（含短视频）是中国第二大互联网应用，仅次于即时通信。短视频用户规模达 6.48 亿，其中抖音、快手稳居行业第一梯队，在短视频用户中渗透率高达 54.25%。

创新话语、讲好中国故事是近些年国际传播研究的热点，党的十九大报告则明确提出文化软实力与强化国际传播能力建设之间的关系，指出要"推进国际传播能力建设，讲好中

---

① 张毓强、庞敏：《生活日常的全球化与国际传播产业化路径的探索——关于李子柒现象的讨论》，《对外传播》2020 年第 1 期。

国故事，展现真实、立体、全面的中国，提高国家文化软实力"。大量官方主导和策划的国家传播活动正在努力取得成效，而李子柒现象则说明社交媒体和中国自媒体人创造了文化软实力提升的一种新的契机。或许文化输出并非李子柒等自媒体人在海外开设账号的初衷，但实际却达到了传播文化的效果。有学者提出，当软实力政策所指向的对象认为政府参与了自我提升行动时，他们倾向于对传输的信息表示怀疑；但当吸引力通过社会而非国家的产品和行动产生时，该国家却更有可能获得软实力收益。①

那么，李子柒在 YouTube 上传的视频讲述了哪些故事？这些故事又为何能引起人们的巨大兴趣呢？我们需从其视频的特征以及网友的评论中去寻找这个问题的答案。

第二节　引人入胜的"中国故事"：
李子柒视频特征分析

一、构建春耕夏种秋收冬藏的桃源生活，唤起人们对自然田园的诗意向往

在 YouTube 上，李子柒频道上传内容分成六个播放列表，

---

① J. Hubbert, *China in the World: An Anthropology of Confucius Institutes*, *Soft Power*, *and Globalization*, University of Hawaii Press, 2019, pp. 11 – 12.

分别是春之卷（13 个视频）、夏之卷（32 个视频）、秋之卷（23 个视频）、冬之卷（23 个视频）、传统工艺（11 个视频）、东方非遗（5 个视频）。春夏秋冬四卷视频内容以美食为主，也包括一些在"传统工艺"和"东方非遗"列表中出现过的视频。春夏秋冬卷，主要是分享制作美食的过程，而传统工艺和东方非遗则展示了竹沙发、蚕丝被、手工酿造酱油、木活字、蜀绣等工艺以及非遗技艺。从列表来看，内容顺应四时变化，且具有文化特色。李子柒发布的短视频每一期时长都基本控制在 12 分钟以内。视频中，她在家乡某乡村布置农家小院，顺应四时变化，在山林、小溪、庭院四周就地取材，并用传统器具、工序制作出一道道美食、一件件精巧实用的器物或者工艺品，配上舒缓的古典音乐和同期声（鸟鸣声、犬吠声等），在短短的时间内展示了一种返璞归真的生活方式，也构建了一个四时交替、充满生活和文化意涵的桃源世界。传统服饰是塑造李子柒古风形象的重要文化元素，春夏秋冬，随着场景的切换，李子柒或穿汉服长裙，或披红色大氅，或着素色布衣，强化了视频的文化意象。

以食物为例，李子柒依据四时制作不同食物，尊重自然，也在与自然的和谐相处中自得其乐。如表 7－1 所示，春季，她从桃树上采摘桃胶熬粥；采摘辛夷花，并将其做成辛夷花茶、辛夷花酱，炸成辛夷花片等，实现"一花多吃"；将熏好杀青的樱花做成樱花茶，并在樱花树下身着汉服细品。夏季，她就地取材，适时而食，将各类瓜果制成果酱、浆果蛋奶冰激凌、青梅酒等，用鸡枞菌来炖鸡汤，采摘荷花加糯米和酒曲做成荷花酒，用紫薯做成莲花状的七夕节巧酥等。在秋风起的季节，她将紫薯做成米糕，用板栗做成板栗鸡，中秋将至时则做了应景的苏式鲜肉月饼。冬季，春节将至的时候，她准备了四川腊肉和川味香肠。李子柒根据时令节气、传统节日来制作食物，比如七夕节制作巧酥，极具节日仪式感，也能引起观众的共鸣。

表 7-1 李子柒 YouTube 账号春夏秋冬卷美食一览表

卷次	节令美食
春之卷	辛夷花系列、桃胶、樱花茶、梅花鸽子汤、雪水鱼
夏之卷	黄桃小食、红宝石番茄酱、浆果蛋奶冰激凌、各种时令果酱、自酿啤酒、青梅酒、草本茶、宫廷苏造酱、鸡枞菌、刺龙苞、桃花味小甜点、樱花茶、豌豆凉粉、大马士革玫瑰酱、荷花酒、七夕节巧酥
秋之卷	黑豆浆、紫薯糕、玉米饼、柿饼、红烧湖羊肉、长白山人参蜜、各式腌菜、阿胶糕、鲜肉月饼、火焰醉鱼
冬之卷	腊味煲仔饭、猪肚鸡、缙云烧饼、各类生姜菜肴、酱腊肉、酸辣粉、牛肉酱、各类红糖美食、佛跳墙、川味柴火鸡、四川腊肉和川味香肠

制作美食时，李子柒运用镜头语言，使用升降格等手法，不仅展现了这些食物的制作流程，而且呈现了一些食材的完整生长过程，营造了一种生生不息、自然轮回的观感。在自酿酱油的视频中，李子柒为了酿造酱油，从种黄豆开始准备，之后是黄豆采收、晾晒、脱粒等环节，接着是酱油酿造过程

中的发酵、晾晒、熬煮等环节，最后，她使用制作好的酱油做成红烧五花肉等菜品。

除了节令感，李子柒使用的工具也非常传统。在视频中，根据劳作、生活等不同情境，她使用过的器具包括背篓、镰刀、石磨、铁锅、木碗、木盘、陶坛等，加之服装、音乐等元素的共同运用，营造了一种传统的农家田园生活景象。

在视频中，李子柒尊重大自然，根据季节变化来选择食材，在四季的变化中，感受自然，自由自在。同时，其视频体现出对自然馈赠世界的感恩和对自然的保护。比如在深山中挖松茸时，每当采摘完松茸后，李子柒都会将松针按原样覆盖，这样被挖过的地方仍会继续长出松茸。在网络评论中，大量网友对李子柒所展现的自给自足的田园生活表示羡慕。有网友表示："羡慕她自给自足的生活，山林的生活，治愈系"；也有网友表示："我观看这些视频的原因是，它以某种方式使我想起，在世界的某些地方，地球依然美丽，原始而天然"（"I watch these videos because somehow it reminds me that in some part of the world, the earth is still beautiful, is as pristine and raw as it should be"）；还有网友表示："李子柒的生活中，没有食材被浪费，人与自然和谐相处。"李子柒的田园牧歌，唤起了人们对"一尘不染"的田园生活的诗意向往。

二、巧妙展现中国传统文化，搭建起文化传播的桥梁

在李子柒所展现的世界里，除了美食、农家生活，还有

对传统技艺的传承和文化价值观的表达。在李子柒的视频中，我们可以看到她身体力行地理解、体验传统技艺，并将其融入自己的日常生活，展示了先民的智慧和勤劳，也展示了传统技艺与当下生活如何交融。除了春夏秋冬四卷中有一些涉及传统技艺的内容，李子柒 YouTube 账户里还有两个列表专门收录了有关非遗和手工艺的视频。手工艺视频的主题包括棉花、手工酿造酱油、蜀绣、羊羔毛斗篷、蚕丝被、竹沙发、秋梨膏、木活字、洗手台、长安千年纸、使用葡萄皮制作紫色衣服等，而东方非遗传承视频则包括棉花工艺、手工酿造酱油、蜀绣、笔墨纸砚以及木活字等主题。

在视频中，我们可以看到丝服、棉被、酱油、秋梨膏的制作过程，也可看到传统文房四宝笔墨纸砚从原生态的树皮、烟灰直至成型的完整过程。通过视频细节，不难看出李子柒在传统技艺方面是个"有心人"。为了将内容表达好，她会花费数月时间去学习一项技艺。为了拍"蜀绣"，她花费数月时间向专业人士学习，又花费数月时间进行拍摄，染色、绣花，一遍又一遍。为了拍"木活字"，她用了将近半年时间专门去温州瑞安东源村学习这项难度颇高的非物质文化遗产技艺。而在视频中，我们可以看到相应的画面，有李子柒去祠堂拜访老人的镜头，也有她跟着蜀绣师傅学习技术的场景。

在自酿酱油的视频中，李子柒不仅详细展示了酱油的整个制作环节，而且在一个文章类的公众号也介绍了想传承传统文化的想法。她认为，"这个历经三千年的非物质文化遗产已经成为我们每个家庭餐桌上少不了的调味品，柴米油盐酱醋茶，这才是我们中国人的一日三餐"。同时，她在文末表示传统技术的传承离不开勤劳聪慧的中国人，做这个视频是为了致敬"还在守着匠心，为我们传统文化传承奉献一生的所有手艺人"。①

在拍摄文化题材的短视频时，李子柒并不是"照本宣科"，而是以一种学习者的态度去挖掘、体验传统技艺，在这个过程中，将文化技艺中的先民智慧和精神追求身体力行地表达出来。细致挖掘、揣摩并且体验传统文化的美感，并将对传统文化的敬意成功表达出来，是李子柒视频内容的重要特色。这种表达也架设了一道桥梁，让外国网友能够了解中国文化。通过视频，有网友表示，"现在我知道中国的秘密了"（"now we know the Chinese hiding secret"）；也有网友认为她传承了传统文化，"她就像一个世代相传的中国传统家庭的孩子，这个家庭将艺术、文化、医学、武术、烹饪以及所有传统知识都传给了她"（"She's like a heir of a traditional Chinese family that went from generations to generation. Art, culture, medicine, martial arts, culinary and everything traditional in Chinese has been passed down to her"）；也有网友表示通过李子柒的视

---

① 《一粒黄豆到一滴酱油，绝味传统手工酿造酱油》，https://baijiahao. baidu. com/s?id = 1652292811361778299&wfr = spider&for = pc。

频学习到了很多中国文化。

李子柒的视频并不仅限于对美食、技艺的表达，她也通过美食、技艺这个中介向世人展示了一个能干、孝顺的人物形象，而这也是中国文化在价值观层面的表达。李子柒外表纤瘦，但干活时毫不含糊，会做木匠活，也能肩扛沙发，被认为是十八般武艺俱全。与此同时，她和她奶奶之间的亲情也让网友们感动。在 YouTube 上传的绝大多数视频中，都会出现她的奶奶。陪伴奶奶也是李子柒从繁华都市回归田园生活的主要目的之一。镜头中，她亲手为奶奶缝制衣服，做美食给奶奶品尝，等等，让海外网友深受触动。当李子柒将她耗费许多时间精力亲手制作的棉花被子铺在奶奶的床上时，当她将亲手缝制的蚕丝衣服给奶奶穿上时，外国网友深感温馨，纷纷留言表示敬意。

三、高水平的视频拍摄和制作技法，让观众获得美的享受

除了视频的主题、内容和文化内涵，李子柒高水平的视频拍摄和制作技法是她获得成功的又一个重要原因。与网络上众多拍摄设备简陋（如只用手机）、技法拙劣的短视频不同，李子柒的视频普遍使用相对专业的设备进行拍摄，同时视频的拍摄和制作技法水平很高。在视频中，李子柒话不多，主要是用镜头和同期声、背景音乐表达情绪，讲述故事。在拍摄不同场景时，李子柒使用不同的镜头语言，例如，拍摄

食物制作过程时，使用特写和俯拍镜头来展现食材之美以及制作细节；拍摄劳作场景时，则以近景和中景居多，展现人物行为动作及其所处环境；此外，还使用远景镜头来呈现李子柒所生活的农村山林，构建出一箪食一瓢饮，人与自然和谐共生的悠远自如的生活场景。在李子柒的视频中，画面用光很有特点，总是避免过爆，倾向于压暗周围次要环境以突出主体，拍摄多采用自然光线，辅之以十分克制的补光。

除了高水准的镜头语言，与其他普通视频创作者不同的是，李子柒几乎每一个视频的时间跨度都很大，拍摄过程漫长，需要非常耐心地做好视频的每一帧，一期视频可能需要拍摄几个礼拜甚至几个月才可以彻底完成。比如在蚕丝被这一期视频中，从剪桑叶、养蚕开始，到煮茧、剥蚕开棉、晾晒、缝制，李子柒将这些烦琐的步骤都一一拍摄了素材，再通过剪辑择要展示给观众，实际拍摄制作费时费力，最后形成的视频虽只有短短十几分钟，但却获得了最佳的展示效果。

高水平的视频拍摄和制作技法的背后是创作者的用心、动脑和付出。根据网络资料，李子柒一开始拍摄短视频时，并没有团队支持，一个人既要拍摄又要操作过程，短短几分钟的视频，往往要忙好几天。为了拍摄效果更好，她买了人生中第一台单反，对着说明书逐字学习。为了视频更好看，她经人指点，去学习好的美食片要如何拍摄，从头开始研究构图、取景这些拍摄的基本技法，每做一个视频都虚心请教之后再一点一点优化。[①] 正是这种精益求精的态度，以及用心、动脑和辛勤的付出，才使其视频具有较高的质量，从众多短视频中迅速脱颖而出。

在分析李子柒现象时，有学者从怀旧（nostalgia）的角度出发，认为这是工业社会人们乡愁的反映；也有学者指出，当"人类社会共同面对全球资本主义条件下社会撕裂、发展瓶颈、劳动异化、环境危机等挑战"时，李子柒表达了"真切的风险感知和共享愿景"[②]；还有外媒将网友的喜爱理解为对朝九晚五生活解脱的渴望。

从对外传播的角度来讲，这说明跨文化传播存在可以互相理解的共通点，而李子柒则通过对田园生活、传统文化的提炼讲述了一个日常的、田园的"中国故事"。众多评论认识到李子柒作为民间文化传播者的潜力，并将其与官方对外宣传进行比照，但需要指出的是，李子柒讲述的中国故事既不宏大，也不悲情，只是众多可以讲述的中国故事的一个角度。那么，以李子柒走红 YouTube 作为个案，反观对外传播实践，特别是在国际局势复杂多变的今天，我们可以得到的启示是什么？

---

① 《火遍国内外的李子柒：走过漫长黑夜才能看到破晓的日出》，https://new. qq. com/omn/20191219/20191219A0OTQN00. html。

② 张毓强、庞敏：《生活日常的全球化与国际传播产业化路径的探索——关于李子柒现象的讨论》，《对外传播》2020 年第 1 期。

第三节　进一步提升国际传播效果的相关思考

一、鼓励民间传播力量，打造立体对外传播梯队

国家队和民间队，使命、诉求各有不同。近些年，为了讲好中国故事，从中央媒体到省级媒体，都就如何"走出去"进行了大量的尝试。与威胁论进行对话，捕捉负面舆情，对中国和平崛起、人类命运共同体进行正面形象构建，这些传播实践对提升中国媒体在世界舆论格局中的影响力发挥了一定的作用。与此同时，民间传播力量也以多元内容、多元方式在海外进行开拓。正如有学者指出，"撇开其背景、资本炒作等因素不谈，单从国际传播层面观察这一现象，就会发现，该案例与传统的国家民族话语秩序下的国际传播行为形成了良好互补，产生了全球化知识和情感链接上的良好回应"①。

但我们需要注意到，海外也有评论认为李子柒的作品是国家"软实力"规划的组成部分，将之理解为一种宣传手段。而在抖音等公司"出海"时，也有评论认为它们将把数

---

① 张毓强、庞敏：《生活日常的全球化与国际传播产业化路径的探索——关于李子柒现象的讨论》，《对外传播》2020 年第 1 期。

据回传给中国政府。类似评论虽然停留在猜测层面，但仍有可能使民间和商业传播者产生负担。

应鼓励多元主体进行对外传播，特别是鼓励那些已经在国内获得广泛成功的、有巨大潜力的、没有语言等难题阻碍的视频创作者"出海"，在海外平台发布和传播自己的视频。对视频创作者的内容、形式等采取包容态度，因为我们不知道下一个"李子柒"会出现在哪个领域，不将创作范围局限在中国传统文化，也支持鼓励反映中国积极向上的新形式的现代文化作品"出海"。

应注意保护民间传播者的独立形象，国家队和民间队各有所长、各具使命，不应把国家队要承担的任务强加到民间传播者身上，而是应使二者发挥各自特长，以不同的方式对外表达更多的中国元素，从而助力打破已有的刻板印象，使一个更为全面的中国形象能够被国际受众所理解和接受。

二、转变传播思维，从侧重强"传播"到强调强"效果"

近些年来，对外传播在基础设施建设方面实力有所提升，但投入不等于"效果"，"硬实力"不等于"软实力"。社交媒体已经成为新的舆论场域，但是国际社交媒体上涉华舆情的主要信息来源仍是英美国家的传统媒体，包括美联社、美国有线电视网（CNN）、《纽约时报》、《华尔街日报》、《华盛顿邮报》、英国路透社以及 BBC 等。[①] 主流传播机构在对外传播中责无旁贷。应鼓励主流传播机构发挥自身优势，寻找与受众的共情点，从侧重"传播"，转变为侧重传播"效果"，根据不同对象国家实施不同的策略。这些策略包括进入当地市场的方式的多元化，以及运营团队、内容团队和供给内容的本土化等。同时，鼓励主流传播机构在加强传播效果层面继续开展探索。

对于民间传播者而言，则需向更为专业化的运营模式发力。李子柒可以说是我国民间传播者专业化运营的典型成功案例，但国际上类似的案例其实有很多。社交媒体虽然被冠之为"UGC"（用户生产内容）平台，但是平台内容创造者从业余制作转变成为更为专业的团队制作的不乏其人。多频道网络（MCN，Muti-Channel Network）源于国外的视频网站 YouTube，在平台和内容创作者之间扮演桥梁的角色，是已愈发成熟的网红经济运作模式。MCN 连接起网络平台与内容创作者，帮助内容创作者获得商业收益。有些 MCN 吸收庞大资金，运作方式成熟，并且在不同垂直领域发力。比如，Tastemade 代表饮食领域，StyleHaul 和 Kin Community 代表生活方式领域，DanceOn 代表舞蹈文化，总部位于洛杉矶的

---

① 相德宝：《国际自媒体涉华舆情现状、传播特征及引导策略》，《新闻与传播研究》2012 年第 1 期。

MiTu 的特色是跨文化内容。[1] 对内容创作者而言，善用专业机构是提升传播内容品质的重要方式之一。我们需要鼓励有潜力的视频创作者向更专业化的方向迈步，让更多的"李子柒"出现。

---

[1]　S. Cunningham, D. Craig, *Social Media Entertainment: The New Intersection of Hollywood and Silicon Valley*, New York University Press, 2019.

第八章　数字平台"出海"与国际传播：
研究回顾与路径展望

章节提要：数字平台已经重构国际传播格局。平台国际化进程正在重构国际传播格局，国际传播发展也逐渐呈现平台化特质。相关学术探讨从不同维度展开，包括政治和治理维度（地缘政治）、技术维度（基础设施、数字鸿沟、算法）、文化维度（软实力、国家形象）等。深入探讨数字平台对国际传播多维度的意义有一定重要性。

中国互联网平台"出海"势如破竹，为强化中国国际传播、创新中外交流开启一条新路径。鉴于数字平台作为新型对外传播渠道的重要性，聚焦国际传播平台化的转向并且系统分析平台的历史演进动力、传播力建设、评估方案等显得尤为重要。

第一节　平台成为国际传播的新语境

　　作为一种"使两个或以上群体相互交流的基础设施"，平台具有连接性和中介性。[①] 也就是说，平台不仅作为一种技术和商业整体嵌入社会，更作为一种生态构建了社会本身，即"平台化"。"平台化"这一概念最早由安妮·赫尔蒙德于2015年提出，用以指代互联网平台成为社会交往和经济发展的主要支撑，以及扩展到其他场域所带来的后果。[②] 后来的学术研究进一步发展了这一概念，以捕捉更广泛的技术生态系统中日益增长的复杂性。[③] "平台化"已成为国际传播领域的学术热词。[④][⑤] 数字平台正在全面重构国际传播格局已成为学界共识。[⑥]

① N. Srnicek, *Platform Capitalism*, John Wiley & Sons, 2017.

② 张龙、曹晔阳：《数据主权、数字基础设施与元宇宙：平台化视域下的国际传播》，《社会科学战线》2022年第6期，第166-175页。

③ D. B. V. Kaye, X. Chen & J. Zeng, "The Co-Evolution of Two Chinese Mobile Short Video Apps: Parallel Platformization of Douyin and TikTok", *Mobile Media & Communication*, Vol. 9, No. 2, 2021, pp. 229-253.

④ 姬德强、杜学志：《平台化时代的国际传播——兼论媒体融合的外部效应》，《对外传播》2019年第5期，第13-15、44页。

⑤ 史安斌、童桐：《平台世界主义视域下跨文化传播理论和实践的升维》，《跨文化传播研究》2021年第1期，第31-50页。

⑥ 李鲤：《赋权·赋能·赋意：平台化社会时代国际传播的三重进路》，《现代传播（中国传媒大学学报）》2021年第10期，第60-64页。

　　中国数字平台的崛起，为提升国家软实力带来了新的可能性。[①] 在市场、教育、人才等因素共同作用下，中国平台迅速发展壮大并开始从"平台出海"升级至"技术出海"。从 WeChat 进军欧洲到 TikTok 席卷全球，再到 Bigo Live、Yalla Group 在东南亚和中东走红，Tospino 在非洲扎稳脚跟，中国数字平台作为国际传播中的基础设施，作用日益显著。尽管 TikTok 受到质疑，面临重重挑战，但仍无法阻止它成为全球最流行的短视频平台。

　　然而，国际传播的平台化面临着诸多问题：（1）地缘政治视角下，全球平台发展失衡，美国平台占据主导地位；（2）政治经济视角下，基于数字化基础设施，大平台掌控了生产和再生产过程以及社会信息流动，从而获得垄断权[②]；（3）社会伦理视角下，平台技术与管理对个人隐私、社会道德、商业信息和国家安全可能存在威胁[③]，数字"出海"平台发展演进动力、传播力建设以及评估方案值得全面的学术检视。

---

　　① M. Keane & H. Yu, "A Digital Empire in the Making: China's Outbound Digital Platforms", *International Journal of Communication*, No. 13, 2019, pp. 4624 -4641.

　　② 谢富胜、吴越、王生升：《平台经济全球化的政治经济学分析》，《中国社会科学》2019 年第 12 期，第 62 - 81、200 页。

　　③ 张志安、李辉：《平台社会语境下中国网络国际传播的战略和路径》，《青年探索》2021 年第 4 期，第 15 - 27 页。

第二节　国际传播平台化研究：研究回顾

国际传播平台化的相关学术探讨从不同维度展开，相关文献总体可梳理为三个维度，即政治和治理维度（地缘政治）、技术维度（基础设施、数字鸿沟、算法等）、文化维度（软实力、国家形象）。

一、政治和治理维度

地缘政治层面，学者往往从权力格局转变、意识形态对立等方面进行分析。[①] 地缘政治视角认为，中国市场实力对美国全球市场和权力格局造成挑战、旧有的意识形态对立在数字时代和后疫情时代延伸和加剧。[②] 数字平台并非中立的"线上内容中介"，而是蕴涵特定价值偏向与价值规范的技术人造物（Technological Artifact）[③] 和全球数据掌控者，往往容易卷入国与国之间的博弈漩涡。这使得中国平台即使以"去政治化"的身份进入一国市场，也往往会面临"再政治化"

---

① 姬德强、杜学志：《平台化时代的国际传播——兼论媒体融合的外部效应》，《对外传播》2019 年第 5 期，第 13 - 15、44 页。

② 姬德强：《数字平台的地缘政治：中国网络媒体全球传播的新语境与新路径》，《对外传播》2020 年第 11 期，第 14 - 16 页。

③ 张志安、李辉：《平台社会语境下中国网络国际传播的战略和路径》，《青年探索》2021 年第 4 期，第 15 - 27 页。

的无奈。加上社交机器人、舆论战、信息战等新兴技术的涌现，国与国之间以平台作为追逐场展开竞争，网络空间成为各国利益拓展的新焦点、大国博弈的"新场域"。

在平台治理方面，现有文献集中分析平台治理的伦理、法律意涵以及平台治理规则的构建。[①] 平台通过数字化基础设施构建的对生产和再生产过程的控制和对社会信息流动的掌控而获得垄断权[②]，互联网平台赢者通吃的商业逻辑意味着对其他行业的排挤以及对公共利益可能构成的侵害，而这又意味着平台会面临来自公共权力的规约。加强版权保护、用户信息安全保护等被认为是规避平台政治风险的必由之路。[③] 法律界和经济学界的学者也加入了国际平台治理的规则制定研究。例如有学者倡导将国内外的平台治理相联系，认为随着全球数字经济的融通发展，平台竞争规则、平台治理规则、数据跨境流动规则、数字贸易规则、数字税收规则、网络安全规则等相关数字平台规则的构建都需要统筹国内和国际两种视角。[④] 也有学者[⑤][⑥]通过研究美国的平台治理制度，

---

① 吴绪亮：《寻找最优数字规则框架》，《北大金融评论》2021 年第 9 期。

② 谢富胜、吴越、王生升：《平台经济全球化的政治经济学分析》，《中国社会科学》2019 年第 12 期，第 62 － 81、200 页。

③ 匡文波、张琼：《地缘政治环境下中国社交媒体全球化发展困境——以抖音海外版 TikTok 为例》，《对外传播》2020 年第 11 期，第 3 页。

④ 吴绪亮：《寻找最优数字规则框架》，《北大金融评论》2021 年第 9 期。

⑤ 任禹臣：《美国互联网社交平台规则体系初探》，《上海法学研究》2020 年第 1 卷，第 76 － 81 页。

⑥ 谢新洲、宋琢：《三角角力与公私对列：美国社交平台内容治理研究》，《信息资源管理学报》2022 年第 1 期，第 67 － 79 页。

从公民、政府、平台的三力角逐方面提供方案。

二、技术维度

何塞·范·迪克认为，平台将用户的社会行为、活动进行编码，转化为计算架构，使用算法和格式化协议处理（元）数据，并通过界面加以阐释和呈现，它允许用户生成内容并交换。[①] 数据和算法构成理解社交平台的两个重要面向。

从国际传播角度来讲，平台用算法和数据构建了社会虚拟交往的动态基础设施[②]，渗透到社会传播的方方面面，包括国际信息交往。传播内容上，平台上的国际传播活动几乎等同于数据的流动[③]，"跨境数据的交换与融合以网络化、动态和实时的方式发生，在发送方或接收方浑然不觉的情况下跨越许多边界"[④]；分配上，在平台的算法规则支配之下，国际网络中的节点表达不断修正、生成以及再传播。数字文化体现为一种物质的生活方式的电子化和影像化[⑤]，数字平台

[①] 何塞·范·迪克：《连接：社交媒体批评史》，晏青、陈光凤译，中国人民大学出版社，2021年，第32页。

[②] 何塞·范·迪克：《连接：社交媒体批评史》，晏青、陈光凤译，中国人民大学出版社，2021年，第3页。

[③] 李鲤：《赋权·赋能·赋意：平台化社会时代国际传播的三重进路》，《现代传播（中国传媒大学学报）》2021年第10期，第60－64页。

[④] 徐偲骕、姚建华：《"看不见"的国际传播：跨境数据流动与中国应对》，《国际传播》2019年第6期，第48页。

[⑤] 常江、张毓强：《从边界重构到理念重建：数字文化视野下的国际传播》，《对外传播》2022年第1期，第54－58页。

使得日常生活被放置到公共空间，平台技术增强了情感体验和连接，创建了草根化的跨文化交流场景。平台成为国际传播的新空间、新主体、新力量。

三、文化维度

从国际传播视角来审视，国际传播是包含地缘政治、文化交流和经济交往的多系统之间的社会性互动，而平台为国际信息提供了完美的传输渠道和载体，也为全球化的信息交往方式开发、传播秩序建设与文化身份想象设定了全新的语境。[1]

从文化维度看，网络平台的参与性、复向传播性、对话性和圈子性有助于提升国际传播的认同感、覆盖率、亲和性和黏合度，从而成为跨文化传播的重要场域。[2] 从主体上看，社交媒体体现的是参与式文化。[3] 社交平台使得多元主体（个人、MCN机构、企业）成为国际传播新力量。有学者将社交媒体催生的产业形态称为"社交媒体娱乐产业"（Social

---

① 李鲤：《赋权・赋能・赋意：平台化社会时代国际传播的三重进路》，《现代传播（中国传媒大学学报）》2021年第10期，第60－64页。

② 栾轶玫：《社交媒体：国际传播新战场》，《中国传媒科技》2012年第11期，第19－21页。

③ 克里斯蒂安・福克斯：《社交媒体批判导言》，中国传媒大学出版社，第53页。

Media Entertainment)。① 他们认为，全球性社交媒体平台（例如 YouTube，Facebook，SnapChat 和 Twitter）提供了技术、网络以及商业可供性（affordances），来自世界各地不同类型、不同文化背景，以业余身份进行内容创作的 Up 主依托平台迅速实现专业化和商业化。他们利用这些平台孵化自身品牌，进行内容创新，并构建庞大的跨国和跨文化的粉丝社区。提高民间主体力量在网络国际传播活动中的参与水平成为重要议题。② 在"网络迷因"（internet meme）文化影响下，平台机制不断为用户生产内容或打造创意内容产业铺平商品化道路。③ 互联网平台"出海"成为提升中华文化传播力影响力的新途径。

总结以往文献，平台语境下的国际传播研究已经取得不少重要学术成果，但仍然存在完善的空间。第一，目前文献主要针对某个具体案例进行分析（例如 TikTok 等），或从宏观角度论述平台化时代国际传播的理论变革和策略转向。第二，数字平台的建设与创新涉及技术创新、组织管理、商业模式转变，这与经济管理等领域紧密相连。然而，能基于跨

---

① S. Cunningham & D. Craig, "Online Entertainment: A New Wave of Media Globalization?" *International Journal of Communication*, No. 10, 2016, pp. 5409 – 5425.

② 张志安、唐嘉仪：《民间主体参与平台网络国际传播的路径和策略》，《对外传播》2022 年第 2 期，第 72 – 75 页。

③ 姬德强、白彦泽：《作为数字平台和基础设施的短视频——一个传播政治经济学的视角》，《广西师范大学学报（哲学社会科学版）》2022 年第 3 期，第 1 – 15 页。

学科视角从中观层面讨论平台建设和创新的学术论文还较少。第三，缺乏对具体区域的研究。学者们更多关注 TikTok 这类风靡全球的中国平台，对 Yalla、Bigo Live 等成功走向中东、东南亚等地的区域性平台关注度不高，因而无法勾勒中国平台向全球输出的全貌。基于以上考量，接下来，本章从发展脉络、机遇分析、传播力建设、评估等维度，探讨如何拓展数字平台"出海"的现有研究。

第三节 "出海"平台与国际传播：
一个研究方案的探讨

一、数字平台与对外传播：发展动力

加强国家传播能力建设，提升中华文化传播力影响力是我国国际传播研究的重要议题。社交媒体平台、数字互联网平台的国际化具有嵌入公众日常生活的能力①，被认为在国际传播领域充满潜力。中国社交媒体平台经历何种发展历程，在历史演进中中国数字平台与多元主体的互动关系如何，以及数字平台与国际传播实践如何勾连等问题，需要重点分析。回答以上问题需要聚焦社交媒体平台和国际传

---

① 张志安、潘曼琪：《抖音"出海"与中国互联网平台的逆向扩散》，《现代出版》2020 年第 3 期，第 7 页。

播、软实力和国家形象等议题勾连的技术逻辑、政治逻辑、商业逻辑。

从技术逻辑来讲，社交媒体以社会化生产、算法分发的方式改变了传播生态。需要分析社交媒体平台的功能特点和技术特征，以考察社交媒体平台之于对外传播的技术可供性。从政治逻辑来讲，则需要分析互联网政策、政府工作报告等材料，从政策层面梳理网络技术与国际传播、软实力之间的逻辑演变，同时通过社交媒体官网等材料分析数字平台如何将自身国际化发展的历程与政策、政府诉求进行勾连。从商业逻辑来讲，需要关注中国社交媒体如何发展到当下如此大的规模，又为何从国内走向海外，成为中国文化对外传播的重要通道。

二、数字平台国际化：机遇分析

中国社交媒体平台在海外不仅面临着跨文化传播障碍、排外主义和民族主义、法律监管制度、激烈的本土商业竞争和全球竞争，更重要的是，还面临着地缘政治博弈和平台治理挑战。一方面，由于技术革命在全球的不平衡发展和中国模式对欧美技术产生的威胁[1]，西方国家往往通过政治手段遏制中国平台的全球扩张；另一方面，中国和其他国家（如

---

① 姬德强：《数字平台的地缘政治：中国网络媒体全球传播的新语境与新路径》，《对外传播》2020 年第 11 期，第 14－16 页。

印度）的主权争端，也会影响到数字平台的输出。再者，平台化所带来的垄断化、技术黑箱以及对公共利益和公共价值造成的威胁，使得平台治理不仅是一个国内问题，更是一个全球问题，平台面临着内外力量的重塑，平台治理甚至沦为政治博弈的借口与手段。已有许多学者分析平台面临的多重挑战与困境，但同样需要学界关注的是数字平台"出海"的机遇分析。

在机遇分析层面，需要关注中国数字平台面临的宏观国际环境，包括政策机遇、市场机会、技术优势等。在中国互联网政策环境下，腾讯、百度、阿里巴巴等商业巨头得以壮大，并通过"走出去"战略参与全球竞争。国内竞争激烈促使中国企业"走出去"，尽管美国构建了庞大的数字平台帝国，但是互联网的全球市场规模很大，没有一个国家或机构能完全垄断一个行业①，中国科技公司在广阔的全球市场大有可为。国内互联网企业在竞争中积累了丰富的技术、商业推广模式和竞争策略经验，从而为国际竞争带来优势。基于国内外宏观背景分析中国社交媒体平台对外传播的机遇，有利于进一步厘清中国数字平台"出海"取得成功的现实基础。

---

① 丹·席勒、翟秀凤、刘烨等：《信息传播业的地缘政治经济学》，《国际新闻界》2016 年第 12 期，第 16 - 35 页。

三、社交平台"出海"：传播力建设

许多研究已经总结了中国平台"出海"在本土化经营层面取得的经验，包括深耕本土社区以及加强与各方合作，等等。与此同时，也有不少学者建议，要基于文化差异优化内容审核机制、数据安全和隐私保护[①]，应当配备在本土具有丰富经验的管理和法务团队[②]，以及尽快形成并提升应对国际公关的能力，坚持多元价值观，明确传播对象，坚持内容为王[③]，等等。如前所述，数字平台不仅仅是技术产品，除了技术架构非常关键，也涉及政治博弈、商业战略、文化沟通和内部组织管理。因此，讨论中国"出海"数字平台传播力建设需要聚焦技术基础、本土化运营、平台治理、商业战略、组织管理等方面。

（一）技术基础

一个平台的技术架构包括界面终端、技术后台、数据存储、第三方应用程序等层面，不同的技术架构涉及平台的安

---

① 匡文波：《数字平台如何影响中国对外传播：后疫情时代中国网络媒体全球传播的机遇与挑战》，《西北师范大学学报（社会科学版）》2021年第5期，第5－14页。

② 王沛楠、史安斌：《中国互联网企业全球传播的发展路径与风险应对——以TikTok为例》，《中国编辑》2020年第11期，第11页。

③ 匡文波、张琼：《地缘政治环境下中国社交媒体全球化发展困境——以抖音海外版TikTok为例》，《对外传播》2020年第11期，第3页。

全、功能优势、支持问题、易用性等。① 因此，需要从信息
科学、传播学的可供性等视角仔细分析中国数字平台的整体
内部技术架构、界面呈现，以及用户交互的特点，从而在技
术方面总结平台建设的技术基础。

（二）本土化运营

文化差异是影响数字平台全球扩张的重要壁垒。平台本
地化不仅关乎本地语言的实现、字幕以及响应数据的速度和
成本等问题的技术调整，还关乎用户的价值尺度，即用户如
何使用平台，如何使用平台的内容，如何看待平台及其内
容。② 这要求平台不仅要搭建符合当地受众使用习惯的技术
功能，也要聚合符合其使用兴趣的内容。因此，需要从跨文
化传播视角分析海内外数字平台如何跨越文化沟通障碍，实
现本土化运营。这里包括，从产品和活动的策划逻辑上强化
平台在有限区域中的垂直属性和社区服务功能，建立与社区、
个体之间的信任，也为监管者提供更多的安全感体验③；通
过广告投放策略、全球广告内容优化、社交媒体互动模式等
创新营销手段，助推中国数字平台迅速触达用户，塑造独特

---

① 马琳、宋俊德、宋美娜：《开放平台：运营模式与技术架构研究综述》，《电信科学》2012 年第 6 期，第 16 页。

② S. Mohan & A. Punathambekar, "Localizing YouTube：Language, Cultural Regions, and Digital Platforms", *International Journal of Cultural Studies*, Vol. 22 (3), 2019, pp. 317–333.

③ 王润珏：《自我优化与社区共生：后疫情时代中国社交媒体海外发展路径》，《对外传播》2020 年第 11 期，第 20 页。

品牌形象，拉近与用户的距离。

（三）平台治理

平台化带来的问题（包括假新闻、数据泄露、政治控制、信息茧房、信息鸿沟、色情暴力、国家安全等）会引发社会隐忧。由此，平台推出假新闻标记、人机识别、信息审查、青少年模式等展现治理的主动性。但是技术掌控在企业手里，技术失控和技术黑箱都在影响公众对于平台的信任，因此需要分析现有治理模式的缺陷，思考如何通过政府、公民、平台的合作，根据现有以及未来的平台问题创新治理模式等。

（四）商业战略

中国数字平台进入海外存在不同的方式。有的企业在国内站稳脚跟之后才向海外扩展，有的企业则直接面向海外市场。不同企业在海外的投资方式也有所不同，它们往往通过在海外设立公司、并购本土企业等方式寻求商业机会。在全球化和本土化视角下，中国数字平台如何"出海"、采取何种投资方式值得专门探讨。

（五）组织管理

在企业全球化的过程中，聘用当地的员工通常被认为是本土化战略环节之一。面对增长的员工数量和多国员工交流的语言障碍，数字平台如何在员工招聘、工薪体制、组织文化、激励机制、成长培训、员工调查等方面实现完善的跨国管理，发挥员工的积极性，实现全球化以及本土化的目标，需要进一步跟踪研究。

四、探讨数字平台影响力的评估方案

随着国际传播主体多元化，评估主体多元化现象随之出现，这也是国际传播效果评估领域近些年的重要研究方向。中国社交媒体平台的全球影响力及其在提升中国对外传播效能、改善中国国家形象和增强中国文化软实力等方面的作用，值得关注。

第一，可以考虑测量中国社交媒体平台的全球影响力。如表8－1所示，本节尝试提出一个有待完善的评估方案。该方案通过全球化水平、社交影响力、用户吸引力、媒体传播力四个一级指标测量中国社交媒体平台的全球影响力。

表8－1　社交媒体平台全球影响力测量指标

一级指标	二级指标	数据来源
全球化水平	覆盖国家数量	企业官网、企业财报及 App Annie 等商业报告网站
	分布区域（大洲）数量	
	下载量	
	海外用户（数量、占比）	
	海外营收（数量、占比）	
	官网语言数量	
社交影响力	社交媒体账号数量	海外社交媒体
	社交媒体粉丝量	
	一年内点赞、评论、转发数量	

续表

一级指标	二级指标	数据来源
用户吸引力	品牌搜索数量	海外社交媒体平台、搜索引擎、媒体新闻
	社交媒体上品牌相关 UGC 内容情感倾向	
媒体传播力	海外媒体相关报道	
	国内媒体相关报道	

　　第二，可以考虑对中国社交媒体平台的社会影响进行评估，测量中国社交媒体的影响力能否转化成对国家形象的正向影响。这就需要将国家形象概念具体化，比如将其转化为品牌和软实力等较易测量的概念，并且基于操作化的定义评估效果。[①] 品牌（country brand image）要素包括价值体系、生活质量、旅游吸引力、文化遗产和商业投资等，软实力[②]包括文化、政治实力、观念、发展模式、话语认同、外交政策等。综合以上指标，测量受众在接触中国社交媒体平台前后对中国的文化遗产、政治实力、价值观念、经济发展、投资意向、旅游意向、移民意向等方面的看法。可依靠实地调查和问卷调查的方式了解国外受众态度变化，亦可使用大数据分析方法在社交媒体平台上围绕"中国"等关键词搜集相

　　① 胡文涛、招春袖：《文化外交与国家国际形象：一种文化维度的建构》，《国际新闻界》2013 年第 8 期，第 10 页。
　　② 陶建杰、尹子伊：《中国文化软实力的实证评估与模拟预测》，《未来传播》2021 年第 4 期，第 14－23 页。

关内容及其转发、点赞、评论，并通过内容识别和文本情感分析了解海外用户情感态度及走向。

新兴媒介创新文化产业形态，中国互联网平台全球化异军突起，为文化"走出去"带来新动能。中国"出海"平台已经涉及社交媒体、视频、游戏、直播、网文、电商等领域，逐步在全球建立起独特的中国优势。国际传播平台化已经成为热点话题，鉴于数字平台作为新型对外传播手段的重要性，其国际化发展动力、传播力建设以及评估等问题，需要全面而系统的学术检视。

第九章 "出海"平台的跨国之路：
现状、困境以及展望

章节提要：中国互联网平台在全球发展，为中国国际传播开启一条新路径。然而互联网平台"走出去"之路并不平坦。本章探讨了数字平台国际化进程中面临的挑战，并给出了协调性建设方案。此外，本章还强调了数据治理的重要性，包括强化平台自身治理和寻求全球方案等。

国际话语权和经济实力的不对称使得中国迫切需要提升国际传播能力。近年来，中国互联网平台全球化势如破竹，为中国国际传播打开一条新思路。由于组织管理上的生疏，以及全球范围内的不均衡分布（主要集中在亚洲、非洲和拉丁美洲），再加上中美之间的贸易竞争和地缘政治博弈①②，中国的数字平台建设和扩张面临着巨大的挑战。

总之，中国数字平台的"出海"之路并不平坦。鉴于数字平台作为新型对外传播手段的重要性，其"出海"的现状、困境以及发展前景急需全面的学术检视。因此，本章通过分析中国平台全球化的现状和面临的外部挑战，特别以跨境数据管理为案例，为中国平台"出海"如何处理外部关系提供思路。③

第一节 "出海"平台：国际竞争与挑战

中国成功"出海"的平台并非只有 TikTok。据 App Annie 发布的报告，2021 年底，中国非游戏类应用"出海"收入排行前十的是 Bigo Live、CamScanner（扫描全能王）、Likee、Webnovel（起点国际）、Mico、Tencent Video（腾讯视频）、iQIYI（爱奇艺）、YoYo、BeautyPlus。④ 拼多多旗下的跨境电

① 沈国麟：《全球平台传播：分发、把关和规制》，《现代传播（中国传媒大学学报）》2021 年第 1 期。

② 姬德强：《数字平台的地缘政治：中国网络媒体全球传播的新语境与新路径》，《对外传播》2020 年第 11 期。

③ 感谢中国社会科学院大学新闻传播学院硕士生王雪玲同学在资料收集与整理方面提供的协助。

④ 《2021 年 12 月中国非游戏应用出海收入排行》，https://www.ithome.com/0/598/919.htm。

商平台 Temu 在美国上线仅半个月，就成功登顶了美国 Google Play 购物类软件下载榜。可见，中国"出海"平台已经涉及了社交媒体、视频、游戏、直播、网文、电商等领域，从一开始积极瞄准南亚、东南亚以及中东市场再到打入西方市场，中国"出海"平台逐步在全球建立起独特的中国优势。未来，人工智能赋能中国平台"出海"是其发展的一大趋势。2017 年 11 月，谷歌母公司 Alphabet 前执行董事埃里克·施密特警告说："到 2020 年，他们（中国人）将迎头赶上。到 2025 年，他们会比我们更好。到 2030 年，他们将主导人工智能行业。"①

然而，近年来，西方社会对 TikTok 等数字平台的打压让中国学者开始意识到数字平台"出海"面临的挑战。② 国际传播的平台化主要面临国与国、政与资、公与私之间的问题。

第一，地缘政治视角下，平台容易卷入国与国之间的博弈漩涡。近些年华为和 TikTok 所卷入的争议便是一个例子。平台不仅影响国际政治舆论，也影响国家安全，国与国之间以平台作为追逐场展开竞争，网络空间成为各国利益拓展的新焦点、大国博弈的"新场域"。在俄乌冲突、新冠疫情、冬奥会等全球重大事件中，我们目睹了社交机器人、舆论战、

---

① M. Keane and H. Yu,, "A Digital Empire in the Making: China's Outbound Digital Platforms", *International Journal of Communication*, Vol. 13, pp. 4624 - 4641.

② 匡文波、张琼：《地缘政治环境下中国社交媒体全球化发展困境——以抖音海外版 TikTok 为例》，《对外传播》2020 年第 11 期。

信息战在混乱的全球信息环境中发挥的关键作用。赵蓓等人①对社交机器人在俄乌冲突中的舆论干预进行研究，揭示了这些自动化工具如何通过标签、账号和叙事策略来影响公众意见。韩娜、孙颖②从国家安全的视角探讨了社交机器人在涉华议题上的操纵行为，进一步凸显了社交机器人在信息战中的重要地位。武沛颖、陈昌凤以 Twitter 平台上的北京冬奥舆情为例，探讨了社交机器人操纵舆论的能力。③ 舆论战④、信息战⑤等相关研究共同指向了一个核心问题：在全球化的信息时代，如何确保信息的真实性和公正性，以及如何防止社交机器人和假新闻对公众认知的操纵。与此同时，新兴技术和策略如"计算宣传"⑥ 正在对国家之间的竞争起到关键作用，需要学界聚焦。互联网平台并非中立的"线上内容中介"，而是蕴涵特定价值偏向与价值规范的技术人造物

---

① 赵蓓等：《标签、账号与叙事：社交机器人在俄乌冲突中的舆论干预研究》，《新闻与写作》2022 年第 9 期。

② 韩娜、孙颖：《国家安全视域下社交机器人涉华议题操纵行为探析》，《现代传播（中国传媒大学学报）》2022 年第 8 期。

③ 武沛颖、陈昌凤：《社交机器人能否操纵舆论——以 Twitter 平台的北京冬奥舆情为例》，《新闻与写作》2022 年第 9 期。

④ 喻国明、杨雅：《舆论战行为边界的一个重要改变："打明牌"时代传播片面信息可能导致反噬——俄乌战争中舆论战观察报告之一》，《新闻界》2022 年第 4 期。

⑤ 赵永华、窦书棋：《信息战视角下国际假新闻的历史嬗变：技术与宣传的合奏》，《现代传播（中国传媒大学学报）》2022 年第 3 期。

⑥ 邹军、刘敏：《全球计算宣传的趋势、影响及治理路径》，《现代传播（中国传媒大学学报）》2022 年第 6 期。

（Technological Artifact）① 和全球数据掌控者，平台不仅可能成为政治操控的工具，也可能成为技术民族主义的典型。

第二，从政治经济的角度来看，平台和政府之间存在复杂的互动与较量。政府倾向于控制和收编平台的权力，以反垄断等手段来维护市场公平。大型互联网平台则通过建设数字化基础设施、掌控生产和再生产过程，以及控制社会信息流动而获得垄断地位。② 这种垄断地位不仅影响了其他行业的发展，也对政治权力构成了威胁。因此，平台和政府之间的关系需要谨慎协调。例如，2022 年澳大利亚推行的 *News Barging Code* 法案要求 Facebook、谷歌等互联网平台对澳大利亚媒体内容提供商支付费用。然而，Facebook 和谷歌拒绝了这一法案，最终导致了它们与澳大利亚政府的决裂，甚至退出了澳大利亚市场。这一事件凸显了不同平台在面对政府法规时的不同应对策略。中国平台在"出海"过程中，同样面临着来自各国政府的压力。在拓展国际市场的同时，平台既要保持自身的创新能力和竞争优势，又必须遵守各国的法律法规，同时处理好与各国政府之间的关系。

第三，社会伦理视角下，私有化资本化的平台和公共利益之间存在持续的矛盾，亟须制定有效的平台治理方案。尽

---

① 张志安、李辉：《平台社会语境下中国网络国际传播的战略和路径》，《青年探索》2021 年第 4 期。

② 谢富胜、吴越、王生升：《平台经济全球化的政治经济学分析》，《中国社会科学》2019 年第 12 期。

管在线平台最初被誉为"参与式社会"和"共享经济"的载体，但事实很快证明，它们不像最初出现时有那么大的解放作用。[①] 平台技术与管理在多个方面对个人隐私、社会道德、商业信息和国家安全构成了潜在威胁。这些平台在掌握大量用户数据后，如何合理使用这些数据并将其转化为商业利益，至今仍是一个备受争议的问题。个人数据可以被平台公司和政府轻易调用。不管是通过 cookie 跟踪用户而推广广告，还是大数据杀熟，或是协助政府调用用户数据（例如 2013 年美国 FBI 要求微软公司协助案件调查，将一名用户的电子邮件内容和其他账户信息提交给美国政府）都在考验着用户、平台以及政府之间的关系张力。当然也有学者认为平台生态具有公私双重属性这一"第三部门"典型特征，本质上属于生态合作制。[②] 但是平台和政府的"联姻"能否普惠每一个用户、夯实劳动者应得的保障，仍有待商讨。

因此，地缘政治和网络治理框架下的国际平台面临巨大压力，不仅来自他国平台的竞争、本国和他国政府的管控，还在于公众利益的保障。未来，将会有更多的中国数字平台"走出去"，尝试在全球市场扩张。针对以上三点挑战，笔者在整理相关资料的基础上，提出初步的应对方案以供参考。

---

① Z. Chen & D. L. Yang, "Governing Generation Z in China: Bilibili, Bidirectional Mediation, and Online Community Governance", *The Information Society*, Vol. 39（1），2023, pp. 1 – 16.

② 端利涛、姜奇平：《平台的公私双重属性及协同市场与政府的中间作用》，《财经问题研究》2022 年第 10 期。

第二节　国际传播平台的协调性建设方案：
政策与本土社区建设

一直以来，国际传播研究聚焦于如何帮助中国媒体整合各方资源，搭建对外传播平台，以及媒体如何利用互联网平台实现对外交流。数字平台作为国际传播基础设施的作用在日益凸显，然而，有关互联网平台建设的理论探讨相对匮乏。

首先，学者们强调要强化政府支持，弱化意识形态。张志安认为，促进数字平台"出海"应该强调政府的支持作用，同时应弱化意识形态属性。[①] 政府的作用在于整合资源，打通软件与软件之间、软件与硬件之间的平台合作（例如促成中国社交媒体与中国手机品牌之间的战略合作，自主打造软硬件互通的完整互联网生态链[②]），对接国内平台和海外媒体资源，减少平台跨文化传播障碍，破解贸易壁垒，等等。不管是"走出去"战略、"一带一路"倡议，还是"数字中国"战略，都展现了政府拥抱技术赋能全球影响的决心。截

---

　①　张志安、李辉：《平台社会语境下中国网络国际传播的战略和路径》，《青年探索》2021 年第 4 期。
　②　廖秉宜、张玉：《短视频媒体 TikTok 海外市场运营及启示》，《中华文化与传播研究》2020 年第 2 期。

至 2022 年底，中国已与 17 个国家签署"数字丝绸之路"合作谅解备忘录；商务部跨促委不断为数字产业、科技创新提供合作机遇①；各地方政府也纷纷使出浑身解数，为企业"出海"主动牵线。② 随着疫情防控措施不断优化，政府扩大国际交流与合作，为中小数字平台拓展新市场开路。另外，弱化意识形态成为平台"出海"采用的重要策略。TikTok CEO 梅耶尔就强调 TikTok "不带政治色彩，我们不接受政治广告，也没有政治议程。我们唯一的目标是为每个人提供一个充满活力的平台"③。

其次，学界强调"出海"平台需提高本土经营能力，塑造共创者角色。全球化（globalization）重视的是普适性和人类共同的一面，而本土化（localization）将个性的、本土的文化之不可取代性视为基本假设。④ 全球化平台的发展之路，实质上是一条深耕本土化的道路。因为，当数字平台拓展至各个国家时，必须深切理解和尊重当地的文化传统、风俗习惯和政治环境。全球范围内，麦当劳、肯德基和好莱坞电影等文化符号的流行，无疑对第三世界国家的本土文化形成了

① 《服务中非一带一路，非洲电商平台 Tospino 推出品牌出海计划》，https：//www. tospino. com/page52？article_ id = 83。

② 《多地政府组团出海抓订单 积极"走出去"释放发展信心》，http：//finance. people. com. cn/n1/2022/1209/c1004 - 32584315. html。

③ 《为证清白，TikTok 宣布将公开内容审核算法的代码》，https：//new. qq. com/rain/a/20200730A0D5NE00。

④ 魏然：《互联网语境下的国际广告前沿理论综述：解析网络媒体对国际广告全球化和本土化的双重影响》，《新闻大学》2016 年第 2 期。

挑战和冲击。在这种背景下，为了捍卫本土文化的独立性和多样性，保护民族文化成为全球化浪潮中一个崭新而重要的议题。因此，对于数字平台来说，要想在国际市场取得成功，关键在于真正做到本土化。这意味着平台需要在产品、营销等方面进行调整，以确保与不同国家的文化环境相契合。只有这样，平台才能在全球范围内获得广泛的认可和支持，从而实现真正的全球化发展。

例如，为了提高在不同区域的落地能力，在海外走红的Bigo 直播平台组建了一个研究团队，专门对重点区域市场的历史、人文、社会、制度等进行研究。在印度，Bigo 尽量匹配相同种姓的人群以避免冲突。[1] 不仅如此，不同国家存在不同的政策环境，中国数字平台应当配备具有丰富本土经验的管理和法务团队。[2] 除此之外，王润珏认为"出海"平台本土化还意味着深耕本土社区。她指出，要从产品和活动的策划逻辑上强化平台在有限区域中的垂直属性和社区服务功能。[3] 在海外，社区是连接用户的重要概念。互联网改变了社区的连接方式，人们向虚拟社区迁移而组成兴趣共同体，而数字平台可以打通线上线下，为社区文化和社区生活提供服务，强化平台作为基础设施的地位。这就需要平台重新审

---

[1] 《BIGO 六年，全球破圈》，https://new.qq.com/rain/a/20210115A0CY7D00。

[2] 王沛楠、史安斌：《中国互联网企业全球传播的发展路径与风险应对——以 TikTok 为例》，《中国编辑》2020 年第 11 期。

[3] 王润珏：《自我优化与社区共生：后疫情时代中国社交媒体海外发展路径》，《对外传播》2020 年第 11 期。

视目标市场的社区环境，针对不同的社区文化推行相应的文化活动。深入了解本土信息之后，平台不仅要做本土资讯的提供者，还要做本土文化的共创者、解决本土问题的协助者、多主体合作的连接者，从本土需求出发深刻嵌入当地社会。

特别需要注意的是，平台逻辑已成为数字平台运作的基础，而数据则是平台逻辑的关键驱动力。数字平台面临诸多挑战，数据治理是其中关键的一环。跨境数据治理成为"出海"平台需要重视的问题。

第三节 平台国际化的关键：跨境数据治理

在平台国际化和国际传播平台化过程中，平台企业及其所推动的产品和服务活动必然会涉及数据，尤其是商业数据的跨境流动问题。数据权属、跨境流动、全球性治理等话题正逐步成为研究热点。跨境数据治理成为平台国际化的关键问题。

有学者指出，鉴于目前国际数据治理的区域性差异，中国平台企业在拓展海外区域用户市场、部署服务器、建设数字化运营模式时，要特别关注当地的数据隐私合规要求，避免触及监管"雷区"。还有学者谈到治理的核心作用，认为内容审核机制和隐私保护对 TikTok 等中国海外平台具有重要性。也有学者提出，在统筹好发展与安全关系的基础上，我国需要尽快提出和推广跨境数据流动规则的"中国方案"，以此来应对美欧等国推行的体现其价值理念的数据治理主张。2022 年末，字节跳动员工被指动用特殊权限查看多名美国媒体记者 TikTok 上的数据。该事件再次引发有关用户数据管理问题的讨论，亦说明数字平台国际化跨境发展需要高度重视跨境数据治理问题。

一、跨境数据流动治理的问题域

学界有观点认为，"跨境数据流动"是指相关主体通过互联网等通信系统跨越主权国家边界，对数据进行传输、存储并且处理的现象。伴随着互联网的迅猛发展，数字经济已经成为推动经济发展的重要力量，社交平台、出行平台、电子商务等成为人们"赖以生存"的新业态、新模式。越来越多的公司以"平台"形式活跃于网络空间，成为人们日常生活中不可或缺的组成部分，数字平台已然崛起并成为跨境数据流动的主体。

对于平台而言，数据是一个核心问题。荷兰学者范·迪克认为，网络平台（online platform）不是简单的技术产品，它们由硬件基础设施支持，由数据（通常由用户生成）驱动，由算法协调，通过商业模式盈利。张志安等学者认为，互联网平台并非中立的"线上内容中介"，而是蕴涵特定价值偏向与价值规范的技术人造物（Technological Artifact）和数据掌控者。

　　跨境数据流动与跨境平台企业的经营活动密切相关，是数字经济的核心，也是数字平台治理的核心问题。如果数据隐私泄露等问题处理不善，跨境数字平台在国际化过程中，会引发一系列矛盾，包括平台与东道国、东道国与母国之间的各种矛盾。从治理的角度而言，跨境数据流动牵涉隐私、公共安全等层面。数据泄露意味着对用户的个人隐私、个人安全与财产安全造成威胁。与此同时，数据安全和数据主权问题成为政治焦点。从国家安全的角度来看，数据与国家安全紧密联系。以美国为例，尽管美国在联邦层面并未形成统一的数据保护法，而是采取行业自律模式，鼓励放宽数据跨境流动的限制，但在重点特定领域仍限制重要数据出口，包括医疗健康、教育、儿童、金融等领域。数据主权关乎数据资源，关乎网络空间中的民众安全与国家安全等，因而也就成为关键问题。近年来，欧美学者将数据主权研究重点放在了数据的司法管辖等问题上。

　　跨境数据流动治理尚缺乏全球性的治理框架，目前有关的多边框架包括《跨境隐私规则体系》（*Cross-border Privacy Rules System*，缩写为 CBPR）以及《全面与进步跨太平洋伙伴关系协定》（*Comprehensive Progressive Trans-Pacific Partnership*，缩写为 CPTPP）等。发展数字经济，需要数据高效流通以发挥价值，但在缺乏互信、价值观念不同等情况下，也有一些国家靠限制数据流动来实现政策目标。一些国家基于数据安全和国家安全的考量采取数据本地化措施。例如，根据俄罗斯法规，科技公司有义务将拥有俄罗斯用户个人数据的数据库存放在俄罗斯境内；与此同时，俄罗斯还要求谷歌、推特和 TikTok 等外国科技公司在该国设立办事处，否则将面临限制或者全面禁令。印度同样强调数据安全，要求敏感数据本地存储，对数据境外传输进行严格规定。2020 年，印度电子和信息技术部以《信息技术法案》第 69 条 A 款为依据，宣布禁止 59 款来自中国的应用程序，声称一些应用存在以未经授权的方式"窃取和秘密传输"用户数据到印度以外的服务器上的行为。2022 年，印度再次以"安全威胁"为理由，封禁 54 款中国应用。以《跨境隐私规则体系》等为代表的现有治理框架在解决部分数据跨境流动问题的同时，也面临各国立场、价值观不同，以及数据规则落后于数字技术和经济发展的现实状况。

二、跨境数据流动治理：平台治理的重要性

在跨境数据流动治理中，平台不但成为突破治理难题的重要切入口，而且已是全球治理复杂系统中的关键节点。在跨国经营活动中，平台需要谨慎地评估其数据收集、跨境流动、存储等活动是否符合相应的法律规定，因为数字平台掌握了大量数据，涉及个人隐私、国家安全等信息。鉴于平台的商业扩张与公众及社会之间的潜在矛盾，强化平台自身治理成为重要主题。元宇宙（Meta）在 2020 年公布"独立监督委员会"（the oversight board）名单，专家成员来自全球，

背景多样，在保护消费者利益、审核内容是否合规、处理纠纷等方面发挥着一定作用。内容审核与隐私保护已经成为 TikTok 等中国海外平台国际化面临的重要挑战。相对文本而言，多语言多媒体内容审核难度更大，根据社会生成的数据集进行训练的算法，可能会学习并展现数据标签本身就存在的人类偏见，容易引发种族、性别歧视等争议。而个人数据泄露导致的平台与公众、政府之间的尖锐矛盾等也都说明平台国际化道路并不平坦。

互联网平台应通过平台规则的制定来解决平台内容审核、算法推荐和数据隐私保护等问题。对于平台治理而言，目前学界认为其技术核心涉及两个层面，一是数据挖掘，二是算法。相应地，从治理层面，也同样涉及数据层面和算法层面。根据《通用数据保护条例》（*General Data Protection Regulation*，缩写为 GDPR），当个人数据处理可能引起歧视、身份盗窃或欺诈、经济损失、声誉损害，或被用以揭示种族或民族血统、政治观点、宗教或哲学信仰，以及被用来评估工作表现、经济状况、健康状况、个人喜好或兴趣、位置或行动等时，此等数据搜集以及数据画像行为会给自然人的权利和自由带来风险，需要法律规制。在数据方面，数字平台要充分告知用户并获得其同意，遵守所在国的数据跨境法案以及完善广告投放规则。在算法层面，则需要规制算法缺乏道德约束等可能带来的侵害。例如，TikTok 曾宣布公开驱动其内容审核算法的代码，以便专家实时观察其执行情况，这是其主动落实算法规制责任的重要举措。

平台自我治理不仅有利于平台的可持续发展，还有助于全球平台治理方案的探讨与制定。世界共同面临平台治理的风险与问题，中国所探索的道路对于国际治理以及全球秩序的重建具有深远意义。中国所实践的互联网平台治理路径不同于西方。中国希望寻求更加务实的平台治理方案，而在一些评论家看来，未来的道路是在西方奉行的"基于全球规则"（global rules-based order）的治理和亚洲偏爱的基于"命运共同体"（community of common destiny）的治理之间达成融合。因此，平台治理方案应在具备国际化视野的同时，兼顾文化多样性和本土适配性，为开放包容的全球数字治理体系形成贡献力量。

我国数字平台需在政府支持、本土化经营、跨境数据治理和国际合作等方面发挥优势、克服困难，为推动"一带一路"沿线国家的经济社会发展贡献力量。同时，数字平台还需关注社会责任和公共利益，确保数据治理的公平、合理和可持续，为构建人类命运共同体贡献力量。但由于"出海"平台的建设和创新管理涉及技术、经济、法律政策、营销管理等多学科知识，不同属性的平台面临不同的竞争环境，因此本章无法具有完全的针对性。希望在未来的探讨中能够深入行业内部的多学科合作研究，进一步揭示国际平台跨文化传播中的运作细节与机理。

第十章　数字平台助力中外文化交流

章节提要：新兴传播技术已然改变了文化传播的语境、场景与形式。科技与文化的融合，造就了中国繁荣的数字文化新业态，也促进了文明之间的互鉴互通。本章基于各类统计数据、行业报告、新闻报道等资料，就数字技术助力文明互鉴的理论基础以及表现形式进行了阐释。

文化发展始终同科技进步紧密联系、相辅相成。近些年，新科技和文化的融合，使文化传播方式发生了巨大变化，造就了中国繁荣的数字文化新业态，也促进了文明之间的互鉴互通。

第一节 海外文化"引进来"，吸纳世界优秀文明成果

一、引进海外文化，丰富人民文化娱乐生活

近年来，中国的数字化进程加快，数字技术与各类数字平台助力海外文化在中国迅速扩散，丰富了中国人民的文化生活。进口的文化产品和服务更好满足了人民群众多样化的文化需求，中外文化交流互鉴持续深入发展。日本动漫产品通过 B 站等网络平台得到传播，并受到中国年轻人的关注和喜爱。与此同时，B 站也积极展开海外版权合作，参与内容的联合出品与制作。网络同样已经成为海外影视剧在中国传播的重要途径。2014 年初，韩剧《来自星星的你》风靡大江南北，在中国地区的网络播放量超过了 30 亿，大量网民在爱奇艺和 PPS 两大平台上观看，推动了中国网络影视平台的走红。[①] 优酷、腾讯、B 站等视频门户网站均设立泰剧分区，供喜欢泰剧的观众搜索观看。泰剧在中国网络掀起波澜，也进一步满足了中国观众多元化的观影需求。泰剧成为国人了解泰国国情和文化的重要途径。

---

① 徐晓芳：《互联网思维影响下的韩剧——以热播剧〈来自星星的你〉为例》，《延边大学学报（社会科学版）》2016 年第 6 期。

《地下城与勇士》《穿越火线》《魔兽世界》《绝地求生》《糖豆人》等游戏在中国受到瞩目。多元文化的交流也反哺了中国游戏的创作。[1] 2010 年代，中国国产游戏迎来发行量的全盛时期，根据国家新闻出版署公布的 2010—2019 年"国产网络游戏审批信息"与"进口网络游戏审批信息"，包括网页游戏、客户端游戏、移动游戏、主机游戏、VR 游戏（virtual reality game）在内，获得网游版号的国产游戏多达 19760 款，是进口网游（1218 款）的 16 倍多。[2] 中国在借鉴海外游戏的基础上融入国风元素，打造了独特的中国风格。

二、推动数字文化合作，打造文化交流平台

引进海外优秀文化成果，推动文明交流互鉴，离不开双边政府和相关企业的努力。中国政府在构建"网络空间命运共同体"以及"深化网络文化交流互鉴"等方面提出一系列主张。2017 年外交部和国家互联网信息办公室共同发布了《网络空间国际合作战略》，提出："深化网络文化交流互鉴，让互联网发展成果惠及全球，更好造福各国人民。"[3]

搭建平台方面，早在 2012 年，中国数字文化集团和大连

---

[1]　李小牧、李嘉珊：《数字文化产业对外贸易发展报告》，社会科学文献出版社，2018 年。

[2]　邓剑：《国风游戏批判——从在场性的诞生到整体性的坍塌》，《中国青年研究》，2021 年第 10 期，第 8 页。

[3]　《中国发布〈网络空间国际合作战略〉》，https://www.gov.cn/xinwen/2017－03/01/content_ 5172262. htm。

市政府就共同主办了首届中日韩数字文化交易会，来自中、日、韩三国的 100 多家数字文化企业和相关机构共同参与"酷日本""韩流""中国风"的系列数字文化体验专场活动。①② 2021 年，中英互联网圆桌会议、中坦网络文化交流会等活动进一步促进了中外文化交流。2022 年，"中日数字文化贸易服务平台"揭牌，该平台旨在积极促进对外文化交流和贸易，推动数字文化贸易企业建立联系。③ 2022 年，中国（福建）自由贸易试验区厦门片区管理委员会主办"中日韩IP 合作企业线上对接会"，来自中国、日本、韩国等国家的文化贸易企业与艺术家们线上分享文化 IP 发展经验，促进优质文化 IP 朝更高层次、更广领域的合作发展。④ 2023 年 7月，为迎接中法建交 60 周年、中法文化旅游年，中法共同探索打造中法国际合作新平台"数字科技创新基地"，以促进中法两国在数字文化领域的交流与合作。⑤ 世界互联网大会

---

① 《首届中日韩数字文化盛会将在大连举办》，http://news.cntv.cn/20120723/104557.shtml。

② 《互联网促进中国与世界优秀文化交流互鉴》，https://baijiahao.baidu.com/s?id=1742638470518420770&wfr=spider&for=pc。

③ 《"联通世界·感知北京" | 中日数字文化贸易服务平台正式揭牌》，http://art.china.cn/txt/2022-11/10/content_42166129.shtml。

④ 《中日韩 IP 合作企业线上对接会成功举办，数字文化贸易联合实验室助力文化合作再上新台阶》，https://news.sina.com.cn/sx/2022-12-20/detail-imxxipqu3947362.shtml。

⑤ 《开创数字经济国际合作新未来 | 中法数字科技创新基地与中日示范区欧洲代表处揭牌活动成功举办》，https://hea.china.com/article/20230731/072023_1385043.html。

选择在山东尼山——孔子的诞生地、儒家思想的发源地举办数字文明对话，以探索人工智能将以何种形式促进人类文明发展，推动各方在数字时代更好地挖掘历史文化的时代价值，加强国际人文交流合作。[①] 这一个个推动网络空间合作的活动，是中国以互联网为桥梁促进文明互鉴的见证。

三、本土文化产业朝外发展，中国故事走向世界

文明因互鉴而发展，正是由于双边政府、市场以及互联网的推动，世界上各种优秀的文化得以在中国落地生根，使中国新时代的数字文化能够吸收世界文化的精华，书写属于中国的故事并向世界回馈独具特色的中国数字文化。

互联网的畅通让中国人民能够接触世界各地的新数字模式，许多中国有志青年在火热的互联网创业浪潮中，创造出新的数字生态。2013 年，中国互联网数字文化产业初露头角，创业者开始涌入该领域。受到加拿大通信软件 Kik 的启发，腾讯公司的张小龙推出了微信[②]，中国人语音聊天有了新的方式。根据腾讯 2023 年一季报财报，截至 2023 年 3 月 31 日，微信及 WeChat 合并月活跃账户数 13.19 亿。[③] 除此之

---

① 《与"尼"相约　共襄数字文明盛会——世界互联网大会数字文明尼山对话新闻发布会在京召开》，http://news.cntv.cn/20120723/104557.shtml。
② 林军、胡喆：《沸腾新十年（上）：移动互联网丛林里的勇敢穿越者》，电子工业出版社，2019 年，第 136 页。
③ 《腾讯：微信及 WeChat 合并月活跃账户数达 13.19 亿》，https://finance.eastmoney.com/news/1354,202305172724597372.html。

外，淘宝等电商平台重塑了中国的消费文化。2016 年抖音一上线，就红遍大江南北，带动短视频行业的升值。游戏直播、直播带货等新行业、新业态不断涌现。在游戏方面，2013年，中国移动游戏无论是用户量、市场占有率还是市场规模都呈现高速增长态势。[①] 2021 年，中国游戏市场实际销售收入 2965.13 亿元，营收规模相比 2011 年扩大近 5 倍，用户数量占全球游戏用户总量的 20%，这也让中国成为全球第一大游戏市场。[②] 随着国内市场的饱和，中国数字文化产业开始面向全球市场发力。国内竞争激烈促使中国数字平台积累了丰富的发展经验、形成了有效的商业模式，进而在国际市场上取得了可喜的成绩，为推动文明互鉴做出了积极贡献。

第二节　数字文化"走出去"，贡献精彩中国数字世界

一、中国数字文化覆盖全球，持续展现文化高光

文化是民族的，也是世界的。科技与文化的双向赋能和良性互动，丰富了中华文化"走出去"的表现形式，增强了

---

① 《2013 中国游戏市场规模 831 亿　端游仍领先》，https://tech.sina.com.cn/i/2013-12-27/10169046774.shtml。

② 《游戏市场十年营收增长近 5 倍　研发投入持续攀升》，https://baijiahao.baidu.com/s?id=1748033981392111418&wfr=spider&for=pc。

中华文明的传播力和影响力。[①] 中国应用"出海"将中国人民的生活场景带向了全世界。[②] 在移动应用方面，谷歌发布的《2021 移动应用全球化指南》显示，2011 年到 2021 年上半年，中国厂商在全球下载量前 1000 名的 App 中的占比从 8%升至 14%。[③]《2022 年移动应用出海趋势洞察白皮书》数据显示，按应用类型分类，2021 年，中国娱乐类应用软件"出海"收入井喷，增长 204%。[④] 截至 2022 年，社交媒体平台 TikTok 的用户数量已经超过了 16 亿，预计 2023 年达到 18 亿。[⑤] 赤子城科技已推出开放式社交平台 MICO、语音社交应用 YoHo、视频社交应用 Yumy，其中 Yumy 已进入了 100 多个国家。社交媒体平台 TikTok 席卷全球之后，陆续涌现出了 Bigo Live、YoHo、Temu、SHEIN 等应用，在东南亚、中东、欧美等地获得热烈反响，推动数字文化突破中国国界限制，为文化共创搭建了广阔的网络舞台。

《中国数字文化出海年度研究报告（2022 年）》数据显示，我国游戏、影视剧、音乐的海外关注和认同都呈现显著

① 方英：《文化强国战略下我国数字文化贸易高质量发展研究》，《人民论坛》2022 年第 20 期。

② 《中国 APP 出海十年记》，https://36kr.com/p/752206761005188。

③ 《中国娱乐类应用软件去年出海收入增长 204%》，http://news.china.com.cn/2022－09/09/content_ 78412071.htm。

④ 《〈人民日报〉海外版点赞赤子城科技：APP 出海刮起数字"中国风"》，https://caijing.chinadaily.com.cn/a/202209/13/WS6320497ea310817f312edd83.html。

⑤ "TikTok Revenue and Usage Statistics"，https://www.businessofapps.com/data/tik－tok－statistics/.

优势，传播范围遍布六大洲。其中，中国网络影视平台腾讯视频（We TV）、爱奇艺（IQIYI）、优酷（Youku）先后推出国际版，开拓了中国影视海外发行的渠道。2018年，爱奇艺出品的《延禧攻略》发行至全球80多个国家和地区；2020年，《隐秘的角落》发行至日本、韩国、新加坡、澳大利亚等多个国家和地区，并计划翻拍日版电影；2023年，《狂飙》在爱奇艺国际版播出期间，在新加坡、美国、加拿大、英国、日本等国家位居国产剧集播放量榜首，受到海外观众的一致好评。① 游戏方面，脱胎于《英雄联盟》的《王者荣耀》于2020年因突破日均1亿活跃用户而成为全球第一款达到此量级的游戏。② "现象级"游戏《原神》在200多个国家和地区同步上线，带动传统文化驾舟"出海"。③ 2019年到2022年，我国游戏"出海"企业从3575家增至4218家，占"出海"企业总数近40%。④ 2021年中国游戏产品海外市场收入超过180亿美元，同比增长16.59%，海外市场规模及用户增幅已反超国内。游戏企业在巩固美、日、韩三个主要市场的同时，不断拓展和开发新兴市场，2021年中国游戏在海外的市场份

---

① 《从"借船出海"到"造船出海"，国产剧集如何更好融入海外市场？》，https://new.qq.com/rain/a/20230623A02K1M00。

② 包媛媛、杨利慧：《数字游戏中神话的重构与传播——以王者荣耀为个案的分析》，《青海民族大学学报（社会科学版）》2023年第8期。

③ 《"科创＋文创"双轮驱动 米哈游何以屡创现象级数字文化"爆款"IP？》，https://mp.weixin.qq.com/s/Pqh6Jj7tmDknALtPUSXyQg。

④ 《游戏出海打响跨境支付战》，https://36kr.com/p/2365305785131910。

额已经位居全球第一。① 中国网文在北美、印度和东南亚备受欢迎。2023 年，中国作家协会发布《中国网络文学在亚洲地区传播发展报告》，报告显示，中国网络文学已向海外输出网文作品 16000 余部，海外用户超过 1.5 亿人。② STARY 的 Dreame、腾讯的 Webnovel、字节跳动的 Fizzo、小米的 Wonderfic，成为中国网络文学"走出去"的助推器。

这些文化产品进行精品化运营和传播，利用数字技术传承中国文化，通过不断融合中国历史文化内涵，打造具有中国特色的民族原创文化精品。例如游戏《原神》中的 3D 世界"璃月"以中国为原型，国土面积广大，物产丰富，山石奇景间，都倒映着中国五湖四海的美景。手游《王者荣耀》将取材于中国古代神话的人物改编成众多个性分明的游戏英雄 IP，凭借现代数字游戏强大的影响力使得人们与古老的神话重新相遇。而网文和影视则展现了中国武侠、宫廷、现代生活等多种内容。2022 年 9 月，16 部中国网络文学作品首次被收录至大英图书馆的中文馆藏书目。这些作品涵盖了中国网络文学 20 年来的经典之作，涉及科幻、历史、现实、奇幻等多个题材，从不同侧面展示了博大精深的中华文化及其对

---

① 《从"借船出海"到"造船出海"，国产剧集如何更好融入海外市场？》，https://baijiahao.baidu.com/s?id=1769461170524148437&wfr=spider&for=pc。

② 《中国网文的海外市场：用户超 1.5 亿人，作品超 1.6 万部》，https://baijiahao.baidu.com/s?id=1767208294576684588&wfr=spider&for=pc。

社会生活的影响。① 同时，自媒体行业成为中国文化"走出去"的重要力量。截至2023年4月，李子柒在YouTube上拥有1740万粉丝，她通过社交媒体平台将中国的景观和田园生活成功传播到世界各地。

科技日新月异，从4G移动互联网到5G物联网、人工智能，再到元宇宙、ChatGPT，新技术影响着社会生产生活，也影响着文化传播的形态与效率。近年来，随着虚拟数字人的兴起，中华文化国际传播有了新的载体和形式。不少虚拟数字人被赋予了古典文化特质，在传统戏曲、古典诗词、书法、方言等各个领域崭露头角，例如来自国家博物馆的"艾雯雯"，来自敦煌的"天好"，作为宋韵文化推广人的"谷小雨"。② ChatGPT技术的出现也引发了极大关注。ChatGPT在大大降低网络文学的翻译成本、提高网络文学转换为漫画的效率的同时，将使模式化的网文创作受到影响，AI翻译的普遍运用则带来对高质量编审团队的需求增大。③ 技术无远弗届，新技术带来新的交流机会，但我们在拥抱新技术的同时，也应意识到新技术有可能意味着交流隔阂。

---

① 《2022—2023年度"中华文化国际传播十大案例"发布》，https://baijiahao.baidu.com/s?id=1767219148533434588&wfr=spider&for=pc。
② 《虚拟数字人助力中华文化国际传播》，https://baijiahao.baidu.com/s?id=1767219148533434588&wfr=spider&for=pc。
③ 《从文本出海到文化出海，中国网文海外用户超1.5亿》，http://www.chinawriter.com.cn/n1/2023/0415/c404027-32665155.html。

二、政策合作推动共赢，中国智慧深耕本土

中国文化"出海"屡创佳绩，累累硕果的取得离不开多年来相关政策的支持以及中国企业摸索出来的运营模式。为了推动文化贸易"出海"，2014 年 3 月，国务院出台《关于加快发展对外文化贸易的意见》，从支持重点、财税支持、金融服务、服务保障四个方面和 15 个类别明确支持对外文化贸易发展的政策措施。为推进对外文化贸易创新发展，商务部等 27 个部门于 2022 年 8 月出台了《关于推进对外文化贸易高质量发展的意见》，提出具体任务举措，包括扩大优质文化产品和服务进口、大力发展数字文化贸易、扩大出版物出口和版权贸易、鼓励优秀广播影视节目出口、加强国家文化出口基地建设、加强知识产权保护等 28 项。[1]

为引领和服务企业开拓海外市场，推动数字文化产业高质量发展，2011 年前后中国先后成立上海、北京两个国家对外文化贸易基地。[2] 国家对外文化贸易基地（上海）还发布了"千帆计划"，为中国精品游戏"出海"提供了政策支持、版权服务、出海保障、贸易渠道等非常有利的出海环境和条

① 《商务部出台意见，28 项任务举措推动"文化出海"》，https://www.yidaiyilu.gov.cn/p/266925.html。

② 《独家研判：这 19 个城市提前锁定"国家对外文化贸易基地"》，https://new.qq.com/rain/a/20220730A03E4V00。

件。① 此后，为打造一批具有中国特色、中国风格、中国气派的优势文化产品和服务，2023 年产业发展司确定了 12 家遍布各省的国家对外文化贸易基地②，为文化"走出去"打开了更大的门。

与此同时，中国企业在全球化市场中持续发挥智慧。例如，TikTok 通过深入了解当地的政治、文化、风俗、价值取向等进行内容本土化③，通过招聘具有全球化背景的高管实现组织国际化。爱奇艺则通过与东南亚本土营销平台合作，共同推进渠道运营与品牌管理。2019 年，爱奇艺与马来西亚媒体品牌 Astro 达成战略合作，结合马来西亚地区的市场环境和用户需求，展开与当地匹配的本土化运营与营销活动。④ 赤子城科技公司则基于跨文化调研在各国策划不同活动，在日本市场与当地足球俱乐部联合举办活动；在泰国市场，联动泰国知名乐队，为产品创作、演唱主题曲，并邀请知名演员参与拍摄 MV，在当地社交媒体上掀起讨论热潮。⑤

---

① 《国家对外文化贸易基地在沪推"千帆计划"：数字文化内容出海》，https://www.thepaper.cn/newsDetail_forward_8485082。

② 中华人民共和国文化和旅游部：《关于国家对外文化贸易基地名单的公示》，https://zwgk.mct.gov.cn/zfxxgkml/cyfz/202306/t20230601_944176.html。

③ 李逸青、黄正松：《数字企业海外市场本土化战略分析——以 TikTok 为例》，《商业经济》2023 年第 2 期。

④ 《爱奇艺与马来西亚媒体品牌 Astro 达成 iQIYI App 本地化运营战略合作》，https://www.guancha.cn/ChanJing/2019_11_06_524223.shtml。

⑤ 《〈人民日报〉海外版点赞赤子城科技：APP 出海刮起数字"中国风"》，https://caijing.chinadaily.com.cn/a/202209/13/WS6320497ea310817f312edd83.html。

（三）输送精彩共创文化，打造中国文化形象

中国文化"走出去"的目的是让世界人民感受中国文化的魅力，并在本土化过程中赋能当地的文化发展与社会发展。

中国社交媒体平台立足于全球各地人民的生活需求，洞察生活细节，让科技促进人与人之间的连接，为当地人民和产业发展创造价值。2019 年 4 月，TikTok 与印尼旅游与创意经济部达成合作，推出"TikTok Travel"计划，帮助印尼对多个旅游目的地进行推广宣传。类似项目很快得到东南亚其他国家政府部门的欢迎。在越南，卫生部职业健康安全与环境研究院与当地歌手联合推出"洗手歌"，指导民众有效预防新冠感染。越南网红光登为这首歌配上舞蹈，上传至 TikTok，发起"洗手舞挑战"，浏览次数超过了 3920 万。[①] 中国全球直播视频社交平台 Bigo Live 自 2016 年上线以来，为众多用户提供直播机会以展示他们的生活时刻和才华。[②] 不仅如此，Bigo Live 在印度创建和推广免费的在线教育频道，旨在为所有级别的用户创造平等的机会，让他们进行无障碍的语言练习和多种技能培训。[③] 作为在中东市场领先的互联网社交企业，赤子城科技在 YoHo 中上线 Charity Room，邀请志愿者向平台用户普及儿童癌症的预防措施，号召用户向埃

[①]　《越南卫生部制作的防疫洗手歌在 TikTok 火了》，http://cn.chinadaily.com.cn/a/202003/06/WS5e61c376a3107bb6b57a4b5b.html。

[②]　参见 Bigo Live 官网主页，https://www.bigo.sg/about。

[③]　参见 Bigo Live 在线免费教育，https://www.bigo.sg/csr。

及慈善医院捐款。① 数字技术让世界人民彼此联通，在交互过程中实现价值共创。

中国数字文化以喜闻乐见的方式让世界人民感受到中华文化的魅力。中国数字文化"出海"不仅肩负着讲好中国故事的使命，更肩负着利用科技打破跨文化交流障碍、促进多文明对话沟通的使命。全球市场是多种文明交织、文化迥异的复杂体，中国数字文化产业能否适应并实现可持续发展，不仅是对企业竞争力的考验，也是对中国文化创新力的考验，这些议题都值得深入研究。

---

① 《这个斋月，我们在中东举办了一场意义非凡的媒体见面会》，https://www.chizicheng.com/news。

第十一章 域外经验：新媒体时代的
韩国文化外交政策探析

章节提要：通过影视剧、K-pop 等流行文化产品提升国家在国际社会的吸引力是韩国文化外交的重要方式。随着数字技术在"韩流"中扮演着日益重要的作用，韩国政府如何回应新媒体时代的机遇和挑战成为韩国文化外交和文化政策研究的新动向。基于中国数字文化产业正在蓬勃发展以及中国自建新媒体平台正在迅速全球化这两个事实，本章考察新媒体时代韩国文化政策的新动向，旨在为中国对外文化传播实践提供可参考的域外经验。

关于国家是否在"韩流"的发展中扮演重要角色，韩国学者们意见并不统一。[①] 有学者更为注重产业界做出的努力，

---

① Dal Yong Jin, *New Korean Wave: Transnational Cultural Power in the Age of Social Media*, University of Illinois Press, 2016, pp. 30 – 49.

也有学者将"韩流"的成功归功于全球粉丝，认为正是后者的推动才使之成为全球文化浪潮。不可否认的是，通过流行文化产业提升国家形象、塑造国家品牌已经成为韩国文化外交的重要特色，对于全球传播和文化外交研究而言，韩国经验也提供了一个突出的案例。

被称为"韩流"的韩国流行文化，如 K-pop、电视剧、电影等，不仅吸引了全球的粉丝，也提升了韩国的国际声誉。2020 年，在第 92 届奥斯卡颁奖典礼上，韩国导演奉俊昊自编自导的《寄生虫》获得最佳影片、最佳原创剧本、最佳国际电影、最佳导演四项大奖，使得"韩流"话题热度居高不下。在各类媒体报道中，经常可见"韩流"明星随韩国国家领导人出席各类外交活动，而韩国国家领导人则会不失时机地利用出访国当地对于"韩流"的认可，促进两国的商贸和外交关系。

回顾韩国国家形象塑造的历史，我们会发现韩国国家形象有了质的飞跃。朝鲜战争之后，韩国持续的政治紧张局势是其提升国际形象的主要障碍。韩国也一直在努力寻找合理的方式提升其国家形象和声誉。韩国外交部前部长曾撰文指出，韩国从"静谧之晨的国家"到"汉江奇迹"，同时实现了经济发展和民主化，从一个接受援助的国家变成了提供援助的国家，而且还加入了"20—50 俱乐部"；但是韩国还需要克服因分裂带来的形象打折，还需要打造自己期待的国家

形象和国家品牌。① 韩国媒体则认为韩国在几十年间已从
"鲸战虾死"的受害者形象悄然转变为蓬勃发展的现代国家
形象。

已有研究指出"韩流"之于韩国国家形象和软实力的意
义②，本研究想要探索的是，在新媒介技术和社交媒体时代，
韩国的文化政策如何回应其要求和挑战？本章将从以下几个
方面对这个问题进行阐释。首先，从"文化外交"的学术视
野观察"韩流"；其次，梳理新媒介技术时代，韩国文化政
策如何回应新技术的发展；最后，讨论在中国数字创意产业
概念日益兴起以及数字产业日益壮大的背景下，韩国文化政
策对我国文化对外传播的意义。

第一节　文化外交视野中的"韩流"

"韩流"并不纯粹是一个流行文化现象。在"韩流"的
演变历程以及韩国文化外交演变过程中，"韩流"已经和文
化外交密切交织，并且成为文化外交的一部分。

---

① 《公共外交是大势所趋》，https://chinese. joins. com/gb/article. aspx?art_
id=90411&category=002005。
② 麻陆东：《韩国文化软实力外交实践的基本经验及启示》，《东亚评论》
2018 年第 1 期，第 54-70 页；詹德斌：《韩国文化战略与文化外交》，《国际研
究参考》2013 年第 11 期，第 20-30 页。

"韩流"于20世纪90年代后期兴起，先在中国、日本，继而在全球获得关注。诸多来自阿根廷、日本、突尼斯的学者研究了韩国流行文化如何被不同文化、不同宗教传统的社会所理解和接受。在全球文化迅猛发展的同时，"韩流"与韩国文化外交产生了重要关联。"韩流"被认为是一种体现韩国软实力的极佳资源，"韩流"的兴起及其对于韩国旅游、化妆品行业的正面溢出效应也印证了这一点。在这种情况下，韩国政府对"韩流"进行了肯定，也在政策上支持了韩国流行文化产业的发展，并且将其作为文化外交的重要组成部分，主要是因为"流行文化已成为软实力外交、跨文化合作、对话和争取人民心灵的潜在重要资源"①。

韩国的文化政策也因此有了明显的转变。与20世纪90年代强调商业和市场的文化政策相反，进入21世纪以来的韩国文化政策，与韩国在全球如何定位自己密切相关。有学者系统梳理了韩国的文化政策演变过程。② 不同总统的执政时期，比如李承晚（1948—1960年）、尹潽善（1960—1962年）、朴正熙（1963—1979年）、崔圭夏（1979—1980年）、全斗焕（1980—1988年）、卢泰愚（1988—1993年）、金泳三（1993—1998年）、金大中（1998—2003年）、卢武铉

---

① J. Nye & Y. Kim, "Soft Power and the Korean Wave", in Y. Kim ed., *The Korean Wave: Korean Media Go Global*, Abingdon, Routledge, 2013, pp. 31 - 42.

② Dal Yong Jin, *New Korean Wave: Transnational Cultural Power in the Age of Social Media*, University of Illinois Press, 2016, pp. 30 - 49.

（2003—2008 年）、李明博（2008—2013 年）、朴槿惠（2013—2017 年）等，韩国文化政策有不同的侧重点。韩国文化政策经历了新自由化和放松管制，以及对外文化输出从商业需要到与软实力进行挂钩的历程。具体而言，在早期阶段，韩国文化政策比较强调传统文化对外交流。随着新自由主义文化政策在全球兴起，文化产品开始被视作"商品"并且需要从市场上盈利以证明价值。在全斗焕执政时期，文化市场已经朝市场化发展了。① 随着"韩流"的政治价值被发掘，韩国政府的政策话语也开始将文化与"软实力""公共外交"挂钩，试图通过各种努力提升韩国的吸引力和国家品牌。

为了达到目标，不同的政策工具和政策措施相继被提出来。这些举措包括韩国电影振兴委员会（KOFIC）、韩国游戏产业振兴院和韩国广播影像产业振兴院（后两者联同韩国软件产业振兴院等整合到韩国文化振兴院）等机构的先后设立。在卢武铉执政时期，政府推出了多项激励措施来鼓励各类推广"韩流"的文化企业。文化和旅游部门成立了韩国国际文化交流振兴院（KOFICE），对全球各地和"韩流"有关的现象进行研究，并要求成立于 2001 年的韩国文化内容振兴院（Korean Culture and Contents Agency）对文化出口进行支援。在李明博执政时期，韩国成立了韩国文化振兴院（Korean

---

① Dal Yong Jin, *New Korean Wave: Transnational Cultural Power in the Age of Social Media*, University of Illinois Press, 2016, pp. 30 – 49.

Creative Content Agency，缩写 KOCCA），该机构整合了韩国游戏产业振兴院、韩国广播影像产业振兴院以及韩国软件产业振兴院等，旨在整合文化领域，促进文化产业的发展，帮助韩国实现文化强国的目标。[①]

　　文化外交是一个近年发展起来的概念，与外交、软实力等概念存在许多交织。有些定义更加强调其与传统外交的关系，以及希望达到的效果，认为文化外交是"指向海外推广某一个国家的文化，以加强与其他国家的关系，目标是加强合作或促进国家利益"[②]。也有学者在对其定义的过程中，更加侧重于国家形象的提升。约瑟夫·奈（Joseph S. Nye, Jr.）更加专注于软实力和文化的吸引力，他于20世纪90年代出版了《注定领导世界：美国权力性质的变迁》一书，提出了"软实力"（Soft Power）的概念。作为和硬实力相对的概念，"软实力"是指一国不用强迫的方式，而是通过吸引和说服的方法达到他人依我所愿的目的。约瑟夫·奈指出，"软实力是通过吸引力，而不是威逼或者利诱的方式达到目标的能力"[③]。

　　韩国在官方网站上，给出了有关公共外交的界定，该界定与"软实力"的界定有相似点：公共外交是指通过与外国人直接沟通，就我国的历史、传统、文化、艺术、价值观、

---

　　① 参见 KOCCA 介绍，https://www.kocca.kr/ch/main.do。

　　② I. Kozymka, *The Diplomacy of Culture: The Role of UNESCO in Sustaining Cultural Diversity*, Palgrave, 2014.

　　③ J. Nye, "Soft Power and American Foreign Policy", *Political Science Quarterly*. Vol.119（2），2004，pp.255－270.

政策和愿景达成共识，促进外交关系，增强我国在国际社会中的影响力。① 韩国公共外交官网强调了公共外交的核心是"赢得人心"。

　　网络和移动媒体，对于"韩流"的传播与发展而言，意味着新的基础设施支撑。那么，在数字技术如此重要的今天，韩国的文化政策如何回应新媒介技术和社交媒体时代的要求和挑战？

第二节　新媒介技术、"韩流"与文化政策的发展

　　数字技术已成为"韩流"的重要依托。韩国媒体认为，风靡全球的社交媒体（SNS）正成为"韩流 2.0"的中心地。韩媒以一种乐观的口吻写道，在社交媒体上没有种族、国家和资本的界限，不管是谁上传的信息，只要是有价值、有趣的，就会瞬间散播到世界各地。②

　　学者们也已经意识到了新的媒介，比如智能手机以及Facebook 等"平台"在新的"韩流"浪潮中的作用。世界各地的人都可以在网络上分享最近的文化创作成果。SM、HG

---

① 《공공외교（Public Diplomacy）란?（什么是公共外交）》，http://www. publicdiplomacy. go. kr/introduce/public. jsp。

② 《社会性网络社区拆除市场墙壁，使韩国大众文化迅速进军》，https:// chinese. joins. com/gb/article. aspx?art_ id = 55368&category = 001003。

等韩国娱乐公司巨头也纷纷在社交媒体上开设账号，与全球粉丝互动。这也意味着只要连线，人们就可以获取最新的流行文化产品。换言之，"韩流"的新生增长可以在很大程度上归因于社交媒体，因为全球粉丝越来越多地通过社交媒体获得 K-pop 和电视剧资源，这让粉丝追随跟进"韩流"变得容易很多，成本也低廉很多。

新信息技术与"韩流"发展之间的关联是文化政策动态调整的前提。随着各类新兴技术以及社交网站的出现，韩国有关部门开始注意到新兴技术在文化对外输出中发挥的作用，开始鼓励新兴技术与"韩流"的对接，以支持韩国文化对外输出能够适应不断变化的媒介环境。在世界范围中，有 Facebook、YouTube 等国际性的社交媒体，在韩国国内也有 Kakao Talk、Line 等社会化媒体正在吸引大量用户进行社群化连接。

韩国政府也充分认识到了新媒介技术与文化政策之间融合的必要性和潜力，在政策以及知识产权保护等方面对韩国文化产业充分利用新技术时代红利予以支持。

李明博执政时期，就可以观察到韩国政府对文化产业与社交媒体融合发展的高度重视。比如，随着智能手机和社交网站数量的快速增长，李明博政府开始支持"智能内容"（smart contents）的发展。[①] 为了促进韩国文化产业利用新兴

---

① Dal Yong Jin, "The Korean Government's New Cultural Policy in the Age of Social Media", in Kawashima eds., *Asian Cultural Flows*, Springer, 2018, pp. 3 – 19.

科技发展壮大，韩国推出了一系列计划，以财政支持的方式鼓励智能设备制造商、服务提供商和内容制作商来合作生产智能内容。

通过回顾相关的韩媒报道，我们可以发现，2008 年，在韩国电视剧以及韩国明星裴勇俊等在中国几乎家喻户晓的同时，韩国电子游戏产业也已成为冉冉升起的新星。韩媒认为 2008 年是韩国进入在线游戏大众化时代的第十年，且游戏市场的"全球化"成为最大的话题。《风之国》（nexus）1998 年外销到了美国，成为第一个出口的韩国国产游戏。2002 年进入中国的《传奇》（Wemade 出品）创造了 60 万人同时在线的纪录并使中国的分销商在纳斯达克盛大上市。Prius（CJ 互联网出品）和《永恒之塔》（AION）（NCsoft 出品）等在线角色扮演游戏展现出强大的竞争力。① 韩国设立了一系列机构来协助游戏产业发展，包括韩国游戏产业振兴院、韩国软件振兴院等。

朴槿惠政府同样高度认可"创造经济"的重要性。比如，在 2014 年世界经济论坛年会上，朴槿惠强调了科学技术对"创造经济"的作用。她在发言中指出，以创造力为基础的"创造经济"能够突破当前全球经济瓶颈，成为发展的新样板。此外，她还说，韩国正在推行的"创造经济"以创造

---

① 《韩国在线游戏市场规模达到 5 兆韩》，https://chinese. joins. com/gb/article. aspx?art_ id = 10680&category = 001005。

力为基础，通过科学技术以及创业精神将创意变为实际生产力，进而形成商业模式，带动不同行业的融合，创造新的市场和就业岗位。①

在实践中，韩国的公司确实对技术进行了非常缜密的思考。他们除了思考全球市场战略，也在考虑新兴技术以及未来市场。SM 娱乐公司的负责人在接受访谈时指出：

> 我们看到两种未来。一种是名人（著名艺人）的世界将会到来。该市场现在处于开始阶段，而且将会继续壮大。人们逐渐与名人变得亲密，想要联网。我们要打造这样的市场。另一个是机器人的世界将会到来。在尖端科技和文化之间，机器人将如何存在？我们从四年前就开始了这个话题的讨论。我认为，到 2023 年左右，家庭将会购买使用与人类相似并可以进行智能传媒的机器人。那么在机器人的世界，音乐、视频和 SNS 会如何？而且我在思考在这种世界上会成立什么样的社区并正为其做准备。这算是预测到八年以后。②

---

① 《韩国总统倡导发展"创造经济"》，http://finance. people. com. cn/n/2014/0123/c70846 - 24207787. html。

② 郑亨模、闵庆媛：《名人和机器人时代，SM 正在准备这种世界》，https://chinese. joins. com/gb/article. aspx?art_ id = 132033&category = 001003。

　　朴槿惠政府同时大力推动新技术与文化产业的融合，促进"韩流"在全世界流行。这些举措包括编撰基于大数据的"韩流"文化报告，以服务文化产业；也包括设立基于数字技术的文化平台，以帮助韩国文化产业出口海外。[①] 比如，就游戏产业而言，其中备受瞩目的举措是加强网络游戏全球服务平台（GSP）建设。

　　5G 是当前的技术宠儿。5G 以及虚拟和沉浸式体验已经引发学界许多讨论，而诸多应用也已经被设想或者开发出来。韩国的对外文化推广机构非常重视新技术。韩国文化产业振兴院院长金永俊在采访中指出，5G 的到来就像是多年前 IPTV 的到来，认为政府应该带动投资。[②] 在采访中，金永俊甚至对 5G 时代的 K-pop 传播进行了描绘，"通过 Naver V Live 平台面向全世界直播防弹少年团（BTS）的英国温布利演出，这一点谁能想象得到？5G 实现商用推广之后，各国的 Army（防弹少年团粉丝俱乐部）还将可以一同合唱。届时社会将实现超联网络，人们可以在超高速、超短延时、超大容量的网络环境中，以超越时间空间的形式消费各种视频内容"。

　　可以观察到，韩国文化产业与新兴科技正在紧密结合。比如，PLAY K-POP 是将 K-pop 与高端 ICT（信息通信技术）

---

　　① Dal Yong Jin, "The Korean Government's New Cultural Policy in the Age of Social Media", in Kawashima eds., *Asian Cultural Flows*, Springer, 2018, pp. 3 - 19.

　　② 《韩国文化产业振兴院：5G 时代将进一步培育 K-pop》, https://chinese. joins. com/gb/article. aspx?art_ id = 190045&category = 001003。

相结合的 K-pop 数码主题公园。① 主题公园的公开资料显示，粉丝可以在博物馆 2 楼通过数码技术体验与"韩流"明星"见面"。粉丝们可以利用虚拟现实技术，与喜欢的明星一起拍照、唱歌，还可以与明星在同一个舞台上跳舞或兜风。与此同时，在 Live Holo 演唱会上还可以通过全息投影欣赏 G-Dragon、PSY、BIGBANG 等"韩流"明星的表演。

除了信息技术与文化产业的高度结合，依托自有平台推广韩国文化也是我们需要关注的动向。韩国通过自建各类平台助力其流行文化全球流通。这些年，韩国初创企业开发的视频平台和相关技术产生了一定的影响力。这类技术平台包括 Hyperconnect 推出的 Azar、Amazer 等。有评论认为，这些已经在海外获得认可的韩国国内平台和服务开始不再依托 YouTube 等美国主导开发的应用和平台，而是通过自主开发的技术和应用开拓市场，具有重大意义。② 金永俊院长在采访中提到的 Naver V live 是 Naver 开发的视频软件，用户包括许多"韩流"明星。而 Naver 是韩国最大的搜索引擎和门户网，也是著名社交软件 Line 的母公司，而 Line 在东南亚、澳大利亚都有不少的活跃人群。

---

① 《在济州岛遇见 G-Dragon》，http://www.sohu.com/a/62427863_ 190024。

② 《韩国视频平台类初创企业引领新韩流》，https://chinese.joins.com/gb/article.aspx?art_ id=184625&category=001001。

第三节　对中国发展文化潮流的启示

从国际传播的角度而言，中国正从各个层面审视自己，通过文化和媒体"走出去"的方式，表达主张、确立话语。通过文化"走出去"等一系列活动，中国也在积极传承和发展传统文化资源，以期提升国际形象、积淀国家声誉。

中国媒体产业尽管规模宏大，且在庞大的国内市场中收获颇丰，但在探及非华语地区时却尚未取得预期的成绩。这些年，通过各界人士的努力，中国有一些文化产品实现了"出海"，并且获得了一定的成绩。2015 年，美国收费视频网站 Netflix 正式播出美国版《甄嬛传》。原本 76 集的电视剧被剪辑为 6 集，每集 90 分钟。在 IMDb 上，这部名叫"Empresses in the Palace"的电视剧，获得了一定的正面评价。IMDb 论坛上有观众将《甄嬛传》与美剧《都铎王朝》类比，认为两者均与宫廷中的权谋政治和帝王妃子的故事有关，而且故事背景都是在 18 世纪。澳大利亚电视台 SBS 引进的《非诚勿扰》（译为 If you are the one）也在澳大利亚掀起热议。"通过这档节目澳大利亚人可以了解中国很多真实、普通的生活，这也是这个节目比较受欢迎的原因"，SBS 负责翻译该节目的韩女士在笔者 2019 年 9 月赴澳时，如此告诉笔者。但是，类似《甄嬛传》《非诚勿扰》的案例相对比较缺乏，中国内容文化产业也尚未辐射到相关的产业，如旅游、化妆品等产业。

尽管如此，中国文化产业仍在寻求走向全球的途径。有学者总结了中国媒体产业拓展海外市场可把握的机遇，包括：（1）电影、纪录片、新闻节目、动画和电视剧的海外销售；（2）海外电影节；（3）海外拍摄电影；（4）电影及纪录片合作拍摄；（5）节目版式的购买及开发；（6）依托线上平台的发行；（7）对海外文化及传媒公司的战略性投资。[①] 同时，2019 年 11 月 15 日举行的"自贸港背景下的网络文学出海论坛"专门探讨了网络文学"出海"的潜能和方式方法。[②] 在海外，有热心读者会翻译中国网络文学，也有东南亚的出版社引进网络文学版权等。一些由网络文学翻拍的影视剧经过译制也受到了东南亚、韩国等市场的欢迎。

以韩国文化产业发展动态观照中国，可以说，数字技术为中国文化"走出去"奠定了良好的基础。

一方面，数字创意产业这个概念正在中国蓬勃发展。2016 年印发的《"十三五"国家战略性新兴产业发展规划》正式将数字创意产业列为战略性新兴产业。这是数字创意产业首次被列入国家战略性新兴产业发展规划，数字创意产业

---

① 金迈克、李竞爽、王青：《数字创意时代中澳文化产业"走出去"的问题与路径》，《深圳大学学报（人文社会科学版）》2018 年第 3 期，第 43－50 页。
② 《海南首届书博会：自贸港背景下的网络文学出海论坛举行》，https://new.qq.com/omn/20191115/20191115A0QEPM00.html。

与新一代信息技术、生物、高端制造、绿色低碳产业等并列，成为五大新产业支柱。数字科技已经在改变中国的文化创意产业。比如，腾讯新文创包括游戏、动漫、文学、影视等板块，而新的数字创意形式也层出不穷。

另一方面，韩国通过自建平台来传播和展示其文化的精彩之处，中国同样如此。中国的数字技术、平台和应用"出海"进展迅猛，一些商业性平台在国际市场上取得颇为良好的成绩。字节跳动发布的数据显示，截至 2019 年 7 月，字节跳动旗下产品全球日活跃用户总数超过 7 亿，月活跃用户总数超过 15 亿，其中抖音日活跃用户超过 3.2 亿。印度市场的TikTok 目前拥有 2 亿用户。在印度，女孩子通过抖音来展示自己的魅力；而在美国，青少年则通过拍摄视频展示自己很"酷"。

金迈克指出，诸如优酷和爱奇艺等在线平台在跨文化传播中取得的成功表明，"走出去"的内容不一定要局限在预算庞大的"成品"之中，很多内容属于业余创作，而且这些内容不断被分享和重新整合。例如西方的 YouTube 和中国的优酷，此类网络平台的兴起正在改变业余内容被创作、被专业化和被传播的方式。① 而随着新媒体技术的"出海"，中国文化也被带到世界舞台。比如，腾讯出品的游戏《王者荣

---

① 金迈克、李竞爽、王青：《数字创意时代中澳文化产业"走出去"的问题与路径》，《深圳大学学报（人文社会科学版）》2018 年第 3 期，第 43－50 页。

耀》的海外版入选为 2018 年亚运会的电竞项目。"韩流"的国际化经验告诉我们，提升自建平台的国际影响力是中国文化内容"走出去"的一个契机。

第十二章　新基建与创新对外文化传播：
展望新篇章

章节提要：近年来，中国的新基建带动了中国经济的发展，与此同时，数字基础设施成了传播中国文化、展示中国力量的重要媒介和文化力量。在新形势和新变量下，对外文化传播应不落窠臼、与时俱进、创新传播方式，以提升我国国家形象和亲和力。

大数据、人工智能、云计算等智能技术正开启一个新赛道，中国政府的高度重视和多次部署将"新基建"推到了风口。中国的新基建不仅带动中国经济的发展，数字基础设施也成为支持中国技术和产品"走出去"的媒介基础设施和文化力量。当从历史维度审视技术与文化传播的互动关系时，我们便可以更清晰地洞察新媒体技术当前以及未来给文化传播带来的机遇和挑战。价值逻辑和传播语境的变迁，意味着主体行动应做出相应的改变。在新形势和新变量下，对外文化传播应不落窠臼、与时俱进、创新传播方式，以提升我国国家形象和亲和力。

第一节　媒介基础设施的理论潜力和实践意义

近些年，"新基建"成为政策、理论和实践研究的热点，重访并更为详细地勾勒媒介基础设施的理论脉络、理解社会技术系统，将是思考新基建及其相关问题的一个出发点。

一、回顾社会技术系统与"媒介基础设施"理论发展

近年来，媒体和互联网研究愈发关注"媒介基础设施"这一概念。科学技术社会学、人类学和地理学等对基础设施的研究对媒介研究具有启发意义。[1]

在 20 世纪 80 年代，苏珊·利·斯塔尔（Susan Leigh Star）以社会学视角和人类学方法对科学家社群展开研究，关注信息基础设施，标志着人类学与科技社会（Science, Technologhy and Society，缩写为 STS）研究进行了汇流。[2]

---

[1]　Larkin, Brian, "The Politics and Poetics of Infrastructure", *Annual Review of Anthropology*, 2013, Vol. 42, pp. 327-343.

[2]　张磊、贾文斌：《互联网基础设施研究：元概念、路径与理论框架》，《中国社会科学院研究生院学报》2021 年第 5 期。

形形色色的社会技术系统虽然是文明的基础，但是在我们生活中却是不那么"显现"，而是成为社会生活的"基础设施"。Edwards 指出，成熟的技术系统——汽车、道路、市政供水、下水道、电话、铁路、天气预报、建筑，甚至是大多数用途的计算机——都存在于"自然化"（naturalized）的背景中，对我们来说就像树木、日光和泥土一样普通和不引人注目。我们的文明从根本上依赖它们，但我们主要在它们失败时才会注意到它们，而它们很少失败。它们是现代性的连接组织和循环系统。简而言之，这些系统已经成为基础设施。①

"社会－技术"这个维度对于理解基础设施至关重要。研究技术的历史学家、社会学家和人类学家很早就有共识，所有的基础设施（所有的"技术"）本质上都是社会技术的（socio-technology）。不仅仅是硬件，组织、社会交流的背景知识、普遍接受和依赖性，以及几乎无处不在的可访问性，都是一个系统成为基础设施所必需的。② 以 *Networks of Power: Electrification in Western Society*（1880－1930）③ 一书为例，该书探讨了 1880 年至 1930 年间西方社会电力系统的发展和演

---

① Edwards, Paul N. "Infrastructure and modernity: Force, time, and social organization in the history of sociotechnical systems", *Modernity and technology*, Vol. 1, 2003, p. 185.

② Edwards, Paul N. "Infrastructure and modernity: Force, time, and social organization in the history of sociotechnical systems", *Modernity and technology*, Vol. 1, 2003, p. 188.

③ Hughes, T. P., *Networks of Power: Electrification in Western Society*（1880－1930）, Johns Hopkins University Press, 1993.

变。作者不仅梳理了电力系统的历史和技术细节，还深入探讨了这些系统如何与社会结构和文化相互作用并成为现代基础设施的关键部分。

从媒介角度而言，互联网也构成了一个大型的社会技术系统。正如有学者指出，从信息技术的角度而言，一个没有互联网的世界是无法想象的，它已经成为互联网运营商以可承受的价格向所有潜在用户所提供的社会公共服务，就像生活用水、电力资源以及通勤网络一样，互联网已经演进成为一种大型的技术系统，并与所在国家的社会与经济发展形成历史性的互构与转化。① 作者进而指出，伴随现代性城市一同兴起的大众媒介，以及当下数字媒介技术及其应用设备的文化普及与制度安排，尤其是移动互联终端以及各类大型数据库系统所构建的异质性传播网络，已经深深嵌入城市基础设施系统与日常生活中，成为不可或缺的构成部分。②

二、媒介研究视野中的"基础设施"

基础设施概念同样成为传播学关注对象。从媒介研究的角度而言，2008 年的著作 *Signal and Noise: Media, Infrastructure, and Urban Culture in Nigeria*（《信号与噪音：尼日利亚的媒体、

---

① 刘海龙、東开荣：《互联网基础设施》，载吴璟薇编著《媒介研究导论》，中国传媒大学出版社，2024 年，第 169 – 170 页。

② 刘海龙、東开荣：《互联网基础设施》，载吴璟薇编著《媒介研究导论》，中国传媒大学出版社，2024 年，第 169 – 170 页

基础设施与都市文化》）是研究媒介基础设施较具有代表性的著作。该书从尼日利亚作为殖民历史遗产的媒介基础设施开始阐述，进而分析蓬勃发展的视频产业，深入探讨了尼日利亚媒体技术如何与社会结构、文化实践和经济动态交织在一起，展示了媒介基础设施不仅是传播工具，也是塑造城市文化和社会关系的关键因素。①

根据 Hesmondhalgh 的梳理，Lisa Parks 在媒介基础设施研究中发挥了重要作用。她进一步发展了拉金（Larkin）对"代表性"（representation）问题的兴趣，着重研究"媒介基础设施与日常生活文化的交汇等问题"，并专注于围绕媒体发展的"基础设施想象"，即"思考基础设施是什么、它们位于何处、谁控制它们以及它们的作用的方式"。②

Hesmondhalgh 继而指出，Parks 还强调了实地走访基础设施场所的潜在方法论价值，这一挑战被 Nicole Starosielski 等人所接受。③ Starosielski 走访了数字网络通过的沿海电缆登陆点。她通过调研指出，"人力劳动和具身经验对于维持全球信息交换仍然至关重要"。Parks 和 Starosielski 等研究者通过

---

① Larkin, B., *Signal and Noise: Media, Infrastructure, and Urban Culture in Nigeria*, Duke University Press, 2008.

② Hesmondhalgh, D. "The infrastructural turn in media and internet research", in: McDonald, P., (ed.), *The Routledge Companion to Media Industries*, Routledge, 2021, pp. 132–142.

③ Hesmondhalgh, D. "The infrastructural turn in media and internet research", in: McDonald, P., (ed.), *The Routledge Companion to Media Industries*, Routledge, 2021, pp. 132–142.

实地考察、历史研究、视觉分析等方法，对数字系统的传统理解——"具有无线、去中心化、弹性和城市化等特点"提出了挑战。他们揭示了这些系统实际上具有"有线、半中心化、不稳定、农村以及水下"等特性。他们的研究使得媒介基础设施的物质性变得可见，对忽视支撑当代传播系统的物理基础的通常研究观念发起了挑战。

从传播平台出发，值得关注的是，当前，互联网科技巨头（譬如谷歌、腾讯、亚马逊以及脸书）正在从信息服务的数字化平台成长为一种向全球扩张的、纵跨社会网络、购物以及搜索引擎的互联基础设施。① Ramon Lobato 的研究探讨了网飞（Netflix）作为一家全球流媒体服务提供商，如何在不同国家和文化中进行数字内容的分发和管理。书中分析了网飞的技术基础设施，包括数据中心、流媒体服务器和宽带网络，以及这些技术如何支持其全球服务。②

通过全球高度互联的数字基础设施，互联网巨头们以前所未有的方式嵌入社会与经济结构，并由此构建起一个再中心化的、日益扩张的平台社会（platform society），而各类互联网平台在参与重组世界政治经济秩序的同时不可避免地塑造着在地化的政治与意识形态，互联网基础设施的地缘政治

---

① 刘海龙、束开荣：《互联网基础设施》，载吴璟薇编著《媒介研究导论》，中国传媒大学出版社，2024 年，第 170 页。

② Lobato，R.，*Netflix Nations: The Geography of Digital Distribution*，New York University Press，2019.

在一定程度上决定着国家与市场权力的分配方式。① 普兰廷（Plantin）等人探讨了基础设施研究和平台研究两个理论框架如何相互补充，以更全面地理解数字媒体的演变。文章通过分析谷歌和脸书等案例，展示了基础设施研究对于理解共享等议题的价值，同时平台研究揭示了在新的数字系统和新媒体中，传播和表达是如何被促进和限制的。研究指出，在数字技术的发展和新自由主义政治经济气候下，基础设施正在经历"平台化"，而平台正在经历"基础设施化"，这种转变对于我们的日常生活和公共利益具有深远的影响。②

三、国际传播视野中的媒介基础设施

基础设施可被界定为自大航海时代以来，西方殖民帝国和非西方的后发国家通过各种具有"技术政治性"（technopolitics）和"后勤"（logistics）性质的技术组织与架构所形成的"大型技术系统"（LTS）。③ 沈国麟把传播基础设施分为初级基础设施和二级基础设施。初级基础设施主要指物质性的设施，包括光通信设施、通信卫星、基站、手机、个人电脑和平板

---

① 刘海龙、束开荣：《互联网基础设施》，载吴璟薇编著《媒介研究导论》，中国传媒大学出版社，2024 年，第 170－171 页。

② Plantin, Jean-Christophe, et al. "Infrastructure studies meet platform studies in the age of Google and Facebook", *New media & society*, Vol. 20, No. 1, 2018, pp. 293－310.

③ 史安斌、朱泓宇：《发展传播学的叙事更新与逻辑转化："传播基础设施"的概念与取向之辩》，《南昌大学学报（人文社会科学版）》2022 年第 5 期。

电脑等。二级基础设施指的是传播信息内容的节点、平台和系统，是非物质的基础设施，包括操作系统、浏览器、搜索引擎、社交媒体和传统媒体等。[1]

资本主义与全球化进程中的发展和传播之间存在着密不可分的联系。电信网络和数字基础设施制度也已成为新自由主义全球化的生命线。[2] Aouragh 等是少数从媒介基础设施视角研究西方帝国主义与第三世界国家复杂的嵌入关系的学者。Aouragh 等撰写的文章《帝国基础设施：媒体和信息研究的批判地缘政治学》以 2011 年"阿拉伯之春"为背景，对学术界普遍乐观地看待数字媒体在政治变革中的影响提出了批评，指出这些研究往往忽视了美国和其他西方国家在中东地区的殖民历史、持续暴力和战略利益。[3] 作者提出，应重新审视媒体和信息基础设施的讨论，并探讨了"金砖国家"（巴西、俄罗斯、印度、中国、南非）的崛起对传统的以欧洲为中心的媒体和帝国叙事的挑战。总体而言，文章呼吁对媒体和信息基础设施进行更深入的批判性分析，以揭示帝国主义、技术基础设施和区域间联系之间的复杂关系，并探讨

---

① 沈国麟、易若彤：《同频共振：西方战略传播的基础设施和话语体系》，《西北师大学报（社会科学版）》2023 年第 2 期。

② Aouragh, M., & Chakravartty, P., Infrastructures of empire: towards a critical geopolitics of media and information studies. *Media, Culture & Society*, Vo. 38, NO. 1, 2016, p. 8.

③ Aouragh, M., & Chakravartty, P., Infrastructures of empire: towards a critical geopolitics of media and information studies. Media, Culture & Society, Vo. 38, NO. 1, 2016, pp. 1 – 17.

在全球化背景下可能的替代方案和反抗形式。

2020 年以来，"新基建"已成为数字时代国家政策设计的重要议题。根据国家发展改革委对新型基础设施建设相关问题的解释，"新基建"主要包括信息基础设施、融合基础设施和创新基础设施三方面。其中，信息基础设施主要是指基于新一代信息技术演化生成的基础设施，如以 5G、物联网、工业互联网、卫星互联网为代表的通信网络基础设施，以人工智能、云计算、区块链等为代表的新技术基础设施，以数据中心、智能计算中心为代表的算力基础设施等。[①]

有学者指出，当"欧盟－美国贸易和技术委员会"（TTC）以"结盟"形式抢夺通信与传播等领域的高新科技所有权时，当美国在非洲施行"数字殖民主义"导致非洲国家难以拥有自己的数字基础设施时，当中国积极推动"一带一路"倡议及"基础设施叙事"加快国际传播能力建设，建成全球规模最大的网络基础设施，中美信息战已将"技术民族主义"展示得淋漓尽致之际——中国不能只定位在需要发展传播学来指导发展的"被动"地位上，想象或者重复建构"中心—边陲"的陈旧叙事。[②] 文章进一步指出，如何进一步思索有关新基建在新时代中国的技术政治性和治理新内涵，

---

① 《国家发改委明确"新基建"范围》，https://m.thepaper.cn/baijiahao_7060959。

② 史安斌、朱泓宇：《发展传播学的叙事更新与逻辑转化："传播基础设施"的概念与取向之辩》，《南昌大学学报（人文社会科学版）》2022 年第 5 期。

如何辩证吸取传统发展传播学的知识精华，同时将政治经济学的批判立场与实践建构取向更加丰富和主动地纳入其中，这将是立足当今时代推动发展传播学革故鼎新，促成走向实践的"基础设施话语"不断完善成熟的重要诉求。

第二节　中国新基建和数字丝绸之路2.0

一、从美国信息高速公路到中国"新基建"

所谓"信息高速公路"（Information Super-Highway，缩写ISHW），是对美国"国家信息基础设施"（National Information Infrastructure，缩写 NII）的形象诠释。它以计算机技术、网络通信技术为基础，以光导纤维、数字卫星系统等为主要信息传输载体，以最快速度传递和处理信息、最大限度实现全社会信息资源共享为目的，运用纵横全美的大容量、高速交互式信息网络把政府机构、科研单位、公司企业、医疗部门、图书馆、学校、家庭等信息终端连接起来，从而奠定美国在21 世纪高度信息化社会中国力竞争的优势地位。① 这个网络的基本特点是，"大多数观点认为它是一个多网集成的网络，民用或商业用户连接到它，就如同进入一个巨大的信息库，

① 张海峰：《美国"信息高速公路"建设计划的产生背景、进展、社会经济影响及评价》，《世界研究与发展》1994 年第 6 期。

并能享受进一步的信息服务。根据联邦政府信息基础设施工作组（IITF-Information Infrastructure Task Force，由联邦各部门选出的代表组成，监督政府发展信息基础设施的工作）的建议，还应包含一些信息工具，诸如计算机、传真机、电话、电缆、卫星、光缆、摄像机、扫描仪、电视及其他将大众连接到信息高速公路的物理层设备"①。

　　美国信息高速公路计划起源于 20 世纪 90 年代。1955 年，来自田纳西州的民主党参议员阿尔伯特·戈尔在国会提出了对美国战后经济起飞具有重要意义的"州际高速公路法案"。这一法案要求联邦和州政府共同努力，在美国建设当时世界上效率最高、最复杂的纵横北美的州际高速公路网。36 年后的 1991 年，阿尔伯特·戈尔的儿子阿尔·戈尔提出又一个划时代的法案，即人们所说的"美国信息超级高速公路法案"（正式名称为《高性能计算法案》，*High Performance Computing Act*）。这个法案旨在为人类经济发展的新纪元——信息经济打下牢固的基础。② 作为副总统，戈尔与克林顿一同入驻白宫，他更加积极地推广这一法案，希望它能成为克林顿－戈尔政府重振美国经济计划的关键部分。

　　该计划旨在通过建设高速信息网络，提高信息传输和处

---

①　孙辉、葛兵：《美国有线电视在国家信息基础设施中的地位》，《广播电视信息》1999 年第 12 期。

②　田溯宁：《美国"信息高速公路"计划及对中国现代化的启示》，《科技导报》1994 年第 2 期。

理能力，促进经济发展和社会进步，提高国家竞争力。当时许多经济学家认为，这个将"电子工业与服务业"结合的"信息高速公路"将使人类的生活方式发生比工业革命时更为深刻的变化，而这种变化正指日可待。①

当时，国内有学者敏锐地意识到，我国也必须立即着手建设自己的"信息高速公路"，尽可能与美国等发达国家同步起跑。但是，当时国内对此存在尖锐分歧和激烈争论。有专家专门从传播角度撰文②指出："信息高速公路绝不仅仅是办公自动化和流通领域技术手段现代化的问题，而是现代生产力的主要组成部分。我们不能把它看成仅仅是一般性的国家基础结构，而应看成是首要的生产性基础结构；不能把它看成仅仅是服务性或消费性的第三产业，而应看成未来信息社会的先导产业和支柱产业。""中国可以避免目前许多发达国家面临的信息基础设施建设已基本成型而需要更新换代的两难难题，可以避免发达国家在建设信息基础设施的历史过程中已走过的弯路，直接瞄准世界先进水平，从长计议，做到'一步登天'等。"学者们认为，中国有必要也有可能建设自己的信息高速公路，尽快与国际网络接轨。早在20世纪90年代，有文章指出，建设国家信息基础设施和推动社会信

---

① 田溯宁：《美国"信息高速公路"计划及对中国现代化的启示》，《科技导报》1994年第2期。

② 明安香：《千年之交的机遇与挑战：中国的信息高速公路》，《现代传播（北京广播学院学报）》1996年第3期。

息化，已成为时代发展潮流。这场全球行动不仅需要政府和专家学者关注，亦应引起我国大众传媒的广泛注意和舆论导向。这里的大众传媒，泛指通讯传输和负有信息传播使命的中介组织，不仅包括新闻媒介。①

　　到了 2020 年，新基建成为热点。中国新基建是指以 5G、人工智能、工业互联网、物联网为代表的新型基础设施。它旨在通过数字化、网络化、智能化等技术手段，推动经济社会各领域向更高层次发展，提升国家核心竞争力。当下，大数据、人工智能、云计算等智能技术正开启一个新赛道，中央的高度重视和多次部署，将"新基建"推到了风口。② 中国的"新基建"与美国的"信息高速公路"在提出背景和内涵上有所不同③，主要体现在以下几个方面。（1）提出背景不同：中国的"新基建"是在 2020 年新冠疫情暴发后，为对冲疫情影响、保增长稳就业、确保全面脱贫如期实现而提出的；美国的"信息高速公路"则是在 20 世纪 90 年代，为应对日本和欧洲的竞争压力、降低失业率和通货膨胀率、巩固信息技术产业垄断地位而提出的。（2）内涵不同：中国的"新基建"包括 5G、特高压、城际高速铁路和城际轨道交通、

---

　　① 王晓琪、易庆国：《大众传媒广泛关注的全球信息基础设施和 Internet》，《中山大学学报（自然科学版）》1996 年第 S2 期。
　　② 曾津：《中国"新基建"与美国"信息高速公路计划"及其比较研究》，《新经济》2020 年第 12 期。
　　③ 曾津：《中国"新基建"与美国"信息高速公路计划"及其比较研究》，《新经济》2020 年第 12 期。

新能源汽车充电桩、大数据中心、人工智能、工业互联网等领域，涵盖了通信、电力、交通、数字等社会民生重点行业，科技含量高，范围广泛；美国的"信息高速公路"主要围绕信息产业展开，内容相对单一。

新基建带动了中国经济的发展，数字基础设施也成为支持中国技术和产品"走出去"的媒介基础设施和文化力量。有观察认为，从中国－土耳其"数字丝绸之路"跨境电子商务综合服务平台建设，到中国、埃及、老挝、沙特、塞尔维亚、泰国、土耳其和阿联酋等国共同发起《"一带一路"数字经济国际合作倡议》，中国积极与共建"一带一路"国家在跨境电商平台、网上丝绸之路、移动支付、通关与税务信息化、数字基础设施、智慧城市以及智慧教育等领域开展合作，成效显著，为打造"一带一路"数字"软"联通，消除各国"数字鸿沟"，促进贸易投资的便利化，推动各国数字技术与经济的融合，提升发展中国家信息化和社会治理水平，实现"一带一路"技术创新和经济转型，加强各国互信做出了重大贡献。[①]

与此同时，共建"一带一路"国家经济社会发展水平不均衡，数字化认知和发展程度也存在巨大差异，因而在数字技术开发、数字经济发展、网络基础设施建设、网络安全保

---

① 《全面推动数字"一带一路"建设》，http://tradeinservices. mofcom. gov. cn/article/szmy/hydt/202109/119593. html?ivk_ sa = 1024320u。

障、数字化人才培养等方面仍很大提升空间，需要我们长期有效地推进"一带一路"数字化建设。[①]

二、研究进展和研究展望

互联网基础设施分成技术实践和话语建构两个理论维度。[②] 文章指出，技术实践构成我们对互联网物质性的基本感知。涉及三个层次，其一，网络基站、服务器、数据中心、互联网协议、互联网接入与输出的终端在地理环境中的分布和普及；其二，普通用户、程序工程师、互联网公司、企业、媒体、社会组织等多元主体对互联网基础设施的设计、制造与使用；其三，政策规定、行业标准、能源供给等维持互联网基础设施正常运作的社会机制。以上三个部分构成互联网基础设施的技术实践网络。而且，这个网络具有明显的层叠化特征。另外，互联网基础设施的话语建构是指互联网基础设施并非某种中立的或者自然化的技术系统，它们本身需要接入特定的社会文化语境，不同主体对互联网基础设施的言说和规制始终会被各种话语所建构、修改与维系。[③]

在探讨媒介基础设施与国际传播的关系时，一系列文献

---

① 《全面推动数字"一带一路"建设》，http://tradeinservices. mofcom. gov. cn/article/szmy/hydt/202109/119593. html?ivk_ sa = 1024320u。

② 刘海龙、束开荣：《互联网基础设施》，载吴璟薇编著《媒介研究导论》，中国传媒大学出版社，2024 年，第 170－171 页。

③ 刘海龙、束开荣：《互联网基础设施》，载吴璟薇编著《媒介研究导论》，中国传媒大学出版社，2024 年，第 170－171 页。

提供了深刻的见解和分析。这些文献涉及的媒介基础设施主要包括海底电缆、数据中心、卫星通信等，它们是全球信息传播的关键物理载体。

首先，海底电缆作为国际传播的物理基础，承载着绝大多数的洲际数据流量。在《国际传播的媒介基础设施：行动者网络理论视阈下的海底电缆》一文中，陆国亮运用行动者网络理论（ANT）分析了海底电缆如何构建国际传播的行动者网络，并指出海底电缆不仅是信息传递的通道，也是国际政治、经济力量争夺的焦点。海底电缆的建设和维护涉及平台公司、国家政府以及国际组织，它们共同构成了一个复杂的国际传播网络。[①] 也有文献讨论了媒介基础设施与国际传播的关系，指出在数字平台重构全球传播格局和国际政治关系背景下，海底电缆作为全球互联网的关键基础设施，推动了数字平台成为跨越国家边界参与国际传播的新兴权力变量，进而指出面对这些数字平台带来的国际信任和安全危机，应发挥国家监管的重要作用，在国际博弈和信息流动中维护国家安全与主权。[②]

其次，数据中心作为信息存储和处理的中心，在全球传播中扮演着核心角色。《数据殖民的物质痕迹：数据殖民主

---

① 陆国亮：《国际传播的媒介基础设施：行动者网络理论视阈下的海底电缆》，《新闻记者》2022 年第 9 期。

② 任孟山、穆亭钰：《国际传播与技术政治：海底电缆与数字平台作为国家间权力变量》，《中国编辑》2024 年 11 期。

义理论与媒介基础设施研究的对话》基于媒介基础设施研究的三种分析维度与数据殖民主义的三大核心内容，在廓清媒介基础设施在数据殖民主义语境的分类后，阐释了媒介基础设施研究与数据殖民主义在中观层面的融合，并结合数据殖民主义的核心内容对原有的三种分析维度进行了调整与扩展。[①]

再次，有文章探讨了流媒体基础设施在数字时代的重要性，特别是在数据存储、传输和用户视听体验方面的作用。[②]文章指出，流媒体服务的兴起使得基础设施建设成为娱乐产业的核心，涵盖互联网服务提供商、流媒体设备和内容分发网络（CDN）。通过分析流媒体平台如网飞的案例，作者强调了带宽提升、云存储量增加和云计算速率提升对视听作品接受方式、制作模式和传播策略的深远影响。此外，文章还讨论了中国在推进"新型基础设施"建设方面的努力，包括5G和人工智能等领域的投资，强调了这些基础设施对流媒体产业发展的关键作用。总体而言，该文为理解数字文化和娱乐方式的变革提供了新的视角，并指出了在技术、政策和文化层面上需要关注和解决的诸多问题。

也有研究以5G为例，讨论新基建跨国迁移面临的技术话

---

① 陆国亮：《数据殖民的物质痕迹：数据殖民主义理论与媒介基础设施研究的对话》，《新闻界》2022年第6期。

② 王伟：《云基础设施与流内容分布网络——流媒体基础设施产业、技术与文化研究》，《电影与媒介》2021年第11期。

语政治问题。文章主要对中国 5G 技术在南非落地的争议性话语进行分析。文章通过框架分析和批判性话语分析方法，检视了南非媒体在 2015 至 2021 年间对中国 5G 技术的报道，揭示了三种主要的报道框架："技术帮扶""技术中立"和"技术抵抗"。这些框架反映了南非对中国 5G 技术的复杂态度，包括对中国技术援助的积极接受、对技术中立性的强调，以及对可能的新殖民主义和债务陷阱的担忧。文章进一步探讨了这些争议性话语背后的意识形态之争、殖民焦虑的社会心态，并提出了跨文化技术合作的建议。①

现有文献中对媒介基础设施与国际传播的关系进行了多维度的论述。一方面，媒介基础设施被视为国际传播的物质基础，它们的存在和运行状态直接影响信息的全球流动。另一方面，媒介基础设施也是国际权力斗争的场域，其控制权和使用权的分配反映了国际政治经济的不平等。此外，媒介基础设施的建设和运营还涉及环境、法律、文化等多个层面，它们共同塑造了国际传播的复杂性和多样性。这些研究不仅为我们理解国际传播的物质基础提供了新的视角，也为探索全球传播新秩序提供了理论支持。我们可以期待未来研究会在议题、场景以及传播主体等方面进一步拓展。

---

① 毛湛文、邹宇：《新基建跨国迁移的技术想象：南非媒体关于中国 5G 落地的争议性话语分析》，载《跨文化传播研究》（第五辑），中国传媒大学出版社，2022 年。

第三节　路径选择：创新对外文化传播方式

从历史维度审视技术与文化传播的互动关系，我们便可以更清晰地辨识新媒体技术当前及未来将给文化传播带来的机遇和挑战。价值逻辑和传播语境的变迁，意味着主体行动应做出相应的改变以适应变化。在新形势和新变量下，对外文化传播应不落窠臼，要与时俱进，创新传播方式以提升我国国家形象和亲和力。下文将基于以上分析，梳理新背景之下创新对外文化传播的路径选择。

一、以平台再构文化传播场景

数字平台重构国际传播格局，传统媒体被数字平台收编，平台已经不仅是传播渠道，而是渗透到全球用户的日常叙事当中，影响着人们的时间架构、社会认知和行为习惯，构建的是文化传播场景。正如前文所提到的，中国文化从以往依托脸书、推特等海外平台"借船出海"到以本土 TikTok、WeTV 数字平台"造船出海"，再到直接在他国本土环境孵化出平台"技术出海"，中国数字平台在全球的广泛和深入为中国文化传播带来了契机。因此，首先应积极培育更多具有全球影响和区域影响力的中国平台，从而为中国文化搭建开放的交流空间。例如通过战略扶持、政策优惠、平台搭建等方式鼓励更多中国平台和技术向海外市场输出。

二、以多元主体构建文化传播矩阵

对外文化传播需官方机构和民间机构、自媒体并重，形成文化输出矩阵。以往，对外文化传播主体以官方媒体（例如《中国日报》）和官方机构（例如孔子学院）为主。正如前文所述，移动互联网带来了文化传播主体的多元化。中国在网络文学、科幻作品、动漫游戏、影视剧、短视频、数字平台等领域形成了一批具有"出海"能力的内容平台和个人。因此，对外文化宣传部门应积极整合各类对外传播主体，完善文化矩阵，全方位布局，在强化影视剧等传统文娱内容的同时，打造完善网络文学、游戏电竞、短视频、直播等新兴的数字文化产业形态。对网络文学、游戏电竞等相对新型的文化产品与形式采取更为积极的态度，鼓励新形式的、反映中国新的数字时代气息的现代文化作品的创作和传播。例如，2021 年 11 月 7 日，EDG 电子竞技俱乐部夺得 2021 年《英雄联盟》世界总决赛的冠军，引发社会热议的同时，也体现了中国电竞产业的实力和发展水平，成为展现中国当代游戏文化和青年文化的新途径。尤其应鼓励多元主体进行对外传播，特别是鼓励那些已经在国内获得广泛成功的、有巨大潜力的内容机构或创作者"出海"。

三、以知华人士和文化中介机构搭建共同意义链条

文化折扣是指因文化背景差异，国际市场中的文化产品不被其他地区受众认同或理解而导致其价值降低。[①] 跨文化传播过程中不可避免地会带来文化折扣。因此，建议在影视制作、对外传播等方面与国际知华人士和机构开展合作，包括发挥"第三文化人"[②] 等在跨文化交流中独特的桥梁作用，既可兼顾我国的文化精髓和外国的叙事方式，也可在我国与外国的文化价值观念之中找到契合点。在不同国家、地区形成一批同时了解世界和中国的知华友华人士和机构，对中国文化"出海"意义很大。因此应该充分调用这些资源的积极性，充分挖掘当地受众的兴趣点，提升文化传播的跨文化敏感性。

四、以数字技术赋能国际传播内容生产

数字技术发展迅猛，成为国际传播中不可或缺的重要工具，国际传播内容生产有了新的发力点。能否打造打动人心、唤起共鸣的新闻内容，才真正考验中国国际传播主体是否具有高超的生产技能、是否能适应全球化土壤、是否具备全球化竞争的潜质。

---

① 孙婧博、笪廷全：《文化折扣与文化增值的本质及其数学模型》，《现代传播（中国传媒大学学报）》2019 年第 4 期。

② 史安斌、童桐：《理念升维与实践创新：党的十九大以来国际传播与跨文化传播研究十大前沿议题》，《编辑之友》2022 年第 4 期。

伴随"大数据＋算力＋算法"三大基础要素的持续发展，自然语言处理、计算机视觉等核心技术多轮迭代，虚拟数字人、社交机器人、ChatGPT、Midjourney 等技术形态不断涌现，数字技术在赋能国际传播内容生产方面大有作为。数字技术赋能国际传播内容生产的多元化路径包括：细致描绘用户画像以洞察受众，根据特定的受众群体和内容优先级全面提高内容分发效率，实时监测受众反馈，精准策划、及时调整新闻选题，自动生成创作灵感，赋能内容形式创新以打破时空局限实现实时互动等。

五、以潮流文化形塑文化软实力

应在传承传统文化、挖掘传统中国元素的基础上，培育具有国际吸引力的潮流文化。尽管美国文化以较大优势席卷全球，但是我们仍然能看到日本、韩国等国在全球文化竞争中的独特身影。2015 年日本 J-cool 的定义是"外国人觉得'酷'的日本固有魅力，包括动画片、漫画、游戏、服饰、食品、传统文化、设计、机器人以及环境技术等"[①]。韩国和日本政府通过大型战略计划和项目支持文化产业发展，鼓励企业和个人参与文化创作和输出。这两个国家通过动漫、影视剧、流行音乐等流行文化产品的战略扶持计划，显著提升

---

① 张梅：《日本对外文化输出战略探析——多元实施主体与国家建构路径》，《日本问题研究》2020 年第 2 期。

了各自在国际社会的吸引力。

我们应立足当代社会发展和青年文化，不仅限于传统文化，还需打造具有现代性和华夏美感的中国潮流。元宇宙等文化产业开启了娱乐文化的新赛道，而中国能否在元宇宙之中开创中国潮流将是一个激动人心的话题。当下，随着数字技术的迅猛发展，我国数字文化蓬勃发展，政府以各种创新理念制定文化外交发展战略，也应在知识产权保护、激励计划等方面对潮流文化进行扶持。

六、以效果评估提升传播效果

为了发挥文化传播的价值，应积极实行效果评估从而获取反馈，制定改进方案，提升对外文化传播效果。当下，中国的文化传播相关研究以现状描摹、问题剖析和路径探索为主，在传播效果层面的研究相对较少。因此，笔者认为可从以下两方面用力。第一，应构建文化传播效果的评估体系。尽管文化活动往往是散布式的，渗透在民间交往、文化生活、经济活动之中，但是国家文化形象和文化活动对相关人员的认知影响往往可以通过研究进行测量。已有研究对各类榜单指标进行综合，为构建对外文化传播效果评估体系打下良好基础。① 应分国别、分事件类型、分渠道平台针对中国对外

---

① 李雨：《中国对外文化形象："西圈"指标、"出圈"壁垒与"破圈"机制》，《新闻与传播评论》2022 年第 2 期。

文化输出及时评估效果、产出反馈性报告，建立并不断完善具有准确性和协同性的对外文化传播效果评估指标体系。第二，要有效利用各类数据和新技术评估文化传播效果。数字技术以基础设施的样态嵌入社会生活，产生海量数据，同时也意味着新数据形态、新评估指标以及新评估方法的出现。当下，在大数据、算法和神经识别（眼动仪）等技术的支持下，通过大数据分析、控制实验等方式能够更有效地测量文化传播效果。

后　记

我对国际传播领域中"渠道"的探究热情，源自 2014 年对央视的一次实地探访。那时，我刚进入新闻所不久，与所里的同事们一同前往央视，深入了解了中文频道的运作。其中最令我激动的是，在与央视节目制作团队的交流中，他们提及了向移动互联网进军的行动，这极大地激发了我的兴趣。早在攻读博士阶段，我便在北大受到新媒体研究领域的各位老师的深刻影响，对技术革新带来的行业变革有了一些认识。然而，如何将这种对技术的观察与国际传播研究相结合，一直是我想要探寻的议题。2014 年的那次探访，使我开始观察并理解渠道在国际传播中可能扮演的重要角色。那次经历促使我撰写了一篇关于国际传播渠道变革的短文，并发表在 2014 年的《中国新闻传播研究》上。自此，我踏上了对国际传播渠道变迁及其带来的国际传播变革的持续观察和研究之旅。

对渠道的观察随着技术革新持续深化。随着社交媒体的崛起，它日渐成为观察主流媒体传播能力建设的不可或缺的平台，同时多元主体的参与也使得这一领域更加丰富多彩。与此同时，近些年我对于数字平台作为新兴传播手段的兴趣日益浓厚，中国数字平台不仅在全球范围内蓬勃发展，还在各个区域展现出强大的影响力。随着学界对"媒介基础设施"的深入关注和研究，我的理论思考也获得了新的启发和深化。2022年初，汤加地震导致该国与世界断联，这一事件为我提供了一个独特的理论观察视角，使我更加清晰地认识到渠道在国际传播中的核心地位，以及技术变革对传播领域带来的深远影响。

新闻所的创新工程项目、跨文化传播登峰计划以及国家社科重大课题"加快国际传播能力建设"等前沿课题，为我提供了宝贵的机会，使我能够深入实地观察各类主体在国际传播领域的生动实践。同时，得益于中国社科院亚洲研究中心和非洲研究院的课题支持，我对这些问题在国外的发展进行了跟踪调研。我不仅关注中国面向海外的文化实践，还涉猎韩国等国家在全球化和文化外交层面的动态，这种跨国界的观察让我能够更全面地理解国际传播的多样性。近些年，我的研究成果也入选了在泰国召开的中国互联网年会等国际会议。参加国际会议成为我进行国际学术交流的一个宝贵平台，让我有机会在不同国家了解中国互联网在海外的发展动态，进一步丰富我的国际传播研究视角。

本书的部分内容已在一些学术刊物和论文集中面世。比如，《新媒体时代的韩国文化外交政策探析》（《新媒体时代韩国文化政策动向及启示》）发表于《东北亚学刊》（2020年第 4 期，人大复印资料全文转载），《如何通过移动互联网提升主流媒体国际影响力》发表于《中国新闻传播研究》（2014 年第 1 期），《平台国际化的关键》发表于《中国社会科学报》（2023 年 9 月），《数字平台助力中外文化交流》部分内容收录于《新时代中国文化发展报告：走向全面繁荣的中华民族现代文明》（社会科学文献出版社，2024 年）一书，《社交媒体对外传播新路径》收录于《中国新媒体发展报告（2020）》（社会科学文献出版社，2020 年），《国际传播渠道建设》收录于论文集《多元视野下的传播：中国与世界》（中国社会科学出版社，2023 年）等。在此一并致谢以上平台及合作者。

在此，我要向新闻所的同事们表达深深的感谢。他们的友善和持续的鼓励，使我在求知的征途中深刻体会到共同成长、相互切磋的温馨与美好。同时，我要特别感谢我的研究生王雪玲同学。作为我指导的第一位学术型硕士研究生，谢谢你的信任，谢谢你愿意与我通过论文写作共同探索国际传播中的种种"谜团"，寻找解开这些"谜团"的方法。我更要感谢我的家人，感谢你们给予我无尽的爱和温暖，让我在追求学术的道路上始终保持坚定和勇敢。

最后还想说明一下出版增补版的原因。在第一版出版之后，我觉得非常有必要将学界近些年数据中心、5G 等关键议题的众多原创研究增补进来。写作思路是在最后一章中增加内容，更为详细地勾勒媒介基础设施的理论脉络，以呼应全书的理论关切。与此同时，增加一部分内容专门介绍当前学界对媒介基础设施的最新研究，展示媒介基础设施理论的广阔前景。这个想法有幸得到出版社的支持，在此表示感谢。

季芳芳

2025 年 1 月　皷楼